中青年经济与管理学者文库

国家社会科学基金项目（项目编号：17BJY025）

养老服务金融需求端诉求与供给侧创新研究

何伟静 著

中国财经出版传媒集团
中国财政经济出版社

图书在版编目（CIP）数据

养老服务金融需求端诉求与供给侧创新研究／何伟静著. -- 北京：中国财政经济出版社，2021.8
（中青年经济与管理学者文库）
ISBN 978-7-5223-0660-5

Ⅰ.①养… Ⅱ.①何… Ⅲ.①养老－社会服务－金融业－研究－中国 Ⅳ.①F832

中国版本图书馆 CIP 数据核字（2021）第 139216 号

责任编辑：武志庆　　　　责任印制：党　辉
封面设计：智点创意　　　　责任校对：胡永立

养老服务金融需求端诉求与供给侧创新研究
YANGLAO FUWU JINRONG XUQIUDUAN SUQIU YU GONGJICE CHUANGXIN YANJIU

中国财政经济出版社 出版

URL：http：//www.cfeph.cn
E-mail：cfeph@cfeph.cn

社址：北京市海淀区阜成路甲 28 号　邮政编码：100142
营销中心电话：010-88191522
天猫网店：中国财政经济出版社旗舰店
网址：https：//zgczjjcbs.tmall.com
北京财经印刷厂印刷　各地新华书店经销
成品尺寸：148mm×210mm　32 开　7.5 印张　189 000 字
2021 年 8 月第 1 版　2021 年 8 月北京第 1 次印刷
定价：35.00 元
ISBN 978-7-5223-0660-5
（图书出现印装问题，本社负责调换，电话：010-88190548）
本社质量投诉电话：010-88190744
打击盗版举报热线：010-88191661　QQ：2242791300

策划人语

题记：一个人的精神成长史，取决于他的阅读史。只有阅读能最有效地培养精神生活习惯，而好的习惯又培养性格，性格决定人生。

——我们自豪，因为我们就是创造这精神产品的人。

选择了飞翔，总能看到蓝天；选择了远航，总能感受大海。人生不仅要作出选择，也要坚持住自己的选择。学会计、当编辑是我的意外选择。人说编辑是为人作嫁，可是这一选择我坚持了27年，苦在其中，乐在其中，也算是有声有色。每当我把一本本好书呈献给人们的时候，我觉得我是“富贵”的人：富，不是你身上的钱财，而是你心里的满足；贵，不是你地位的显赫，而是你被人需要的程度。

书海探寻，情怀永恒

我要说，做编辑我幸运，因为我不仅是第一个读者，可以对作品“品头论足”，也可以对作品“生杀予夺”；更重要的是，这是一个很高层次的平台，在多年与名家的交往和名著的“对话”中，深深地为他们的人格和才学所感动，被作品的精彩所吸引，这不仅使我“下笔如有神”，更使我的思想和灵魂也受到一次次洗礼和震撼，得到一次次升华。对于我的作者我的书，如数家珍，作者中不乏才学和为人同样过人的多位泰斗和“颜值高责任大”的众多才子佳人；策划的作品不仅立足专业还兼顾人文，也是情怀所在，专业加人文路才会更宽。

多年的体会是，作为一名编辑，起码要“三心二意”，即“责任心、细心、耐心”和“服务意识、创新意识”。要多策划一些有分量的拳头产品，用一个选题推动一个系统工程，用一个系统工程培养一个出版社品牌。给新入职编辑讲座时我做过一个比喻：编辑两项基本功，审稿——甚至要比博导审批学生论文还要全面、细致；选题策划——要像电影导演一样做“星探”，善于发现优秀作者和挖掘好的原创作品。记不得 27 年来我策划和编辑了多少书，组织和策划了一大批教材、业务培训用书、通俗读物、理论专著等，有的获得过国家、省部级各类奖项，有的以其填补空白、社会热点、风格新颖、开拓尝试等特点受到读者的欢迎。20 世纪 90 年代我开始自主策划选题，多年来每年都有新丛书问世。比如，21 世纪初内部控制研究在国内刚兴起时，策划了《现代内部控制丛书》，其中的《企业内部控制管理操作手册》是我鼓励作者将自己饱含心血的经过长期钻研和实践并被证明有效的成果奉献付梓，使更多的人能受益于此，这无疑是对我国内部控制理论探索和实践发展的一种贡献，而内部控制选题至今还是热点。2013 年的《来去无尘——一位财政部长的生前事》所展现的吴波精神，与深入推进党风廉政建设相得益彰，得到中央领导同志的高度重视和重要批示。中央各大主流媒体纷纷连续报道，掀起了全社会学习吴波高尚情操的热潮。2014 年至今的前沿选题《财务云丛书》等也越来越受到业界认可。

想是问题，做是答案

众所周知，目前的图书出版业在行业竞争和纸质图书受到严重冲击的情况下，出版人无不感到莫大的危机。在这种背景下，策划一套专业图书是颇感困惑的一件事，风险更大。但即使这样我们也不能因噎废食、停滞不前，还要积极应对，继续发挥纸质图书的固有特质，挖掘出版内容和形式都精彩的原创作品，适应新形势下读者的更高需求。2017 年，我们接受新的挑战，开启新的征程，又策划了《中青年经济与管理学者文库》《当代税收名家丛书》《中国税务律师系列丛书》《现代管理实务丛书》《高等院校应用型会计人才精细化培养系列教材》等，继续为扶持学术研究和总结最新成果，在高端研究与专业知识普及和应用之间搭建一座座有益的桥梁。

每一个时代的经济环境不同，理论研究和实务探索所需要解决的问题也有所差别。当前我国不仅处于经济结构调整和供给侧改革的攻坚期，同时也处于大数据和互联网突飞猛进的变革期，矛盾叠加，风险交汇，市场环境和组织模式不断演变发展、推陈出新，经济、管理、财税等领域的新理论、新思想、新方法、新工具也层出不穷。乱花渐欲迷人眼，击水三千浪几何？这些领域的研究人员被时代赋予了更艰巨的责任，也面临着更高、更多元的要求，我们不仅要具备更广阔的学术视野，而且要有更严谨的学术思维。

输在犹豫，赢在行动

《中青年经济与管理学者文库》的作者，都是我国经济与管理领域的中坚力量，也是未来的大家。他们中有些人潜心从事理论研究，有些人则深耕在实务一线，但无论现实身份如何，视野全都没有被拘泥在“象牙塔”内。他们从不同视角对市场经济的不同要素进行细致审视，然后汇聚于“财经版”这面旗帜之下，相互碰撞，彼此激荡，力求在市场经济转型升级的关键时期留下最新鲜的“中国印记”。

这些经济与管理领域的中青年学者，就是我国市场经济发展的潜力与优势，他们的研究成果，不仅将引领市场经济的各个组成环节向更科学、更先进的方向发展，而且将成为我国政府和企业在未来经济世界扮演更重要角色的支点与动力。祝愿这些中青年学者能攀上更高的学术之山，走向更远的研究之路，也期待宏观、中观、微观各个层面的市场参与者都能从这套文库中得到切实的启发与指引，在全面深化改革、增强发展活力的关键时期，发挥正能量和积极作用，为经济社会发展增添新的动力！

如果您认可，如果您有意愿，欢迎您和您的朋友加盟我们的作者队伍！在中国财经出版传媒集团的“旗舰”下，中国财政经济出版社这“老字号”，一定励精图治，谱写新的篇章。我们用“龙的精神，玉的品质”来助力您实现梦想！

策划人：樊清玉

邮箱：qingyuf@ sina. com

2017 年春

前言

21世纪之初，我国进入了老龄化时代，老龄人口迅速增加且呈快速发展之势，预计到21世纪中叶，老龄人口将会接近我国总人口的1/3。在未富先老、未备先老的现实困境下，老龄化的速度和程度督促我们要尽快找到应对良策。我国的金融行业自改革开放以来经过一步步改革，取得了较快的发展，特别是在21世纪初的10多年中，新的金融业态和金融产品与服务不断推出，极大地提高了金融行业服务国民经济和民生的能力。面对快速老龄化的现实，金融行业也在积极探索新的产品和模式以更好地为老龄化社会服务，并且已取得了一定的成果，打造了多种带有养老概念的产品，开拓了新型服务模式，满足了人们对养老服务金融的一部分需求，但相对我国规模巨大和日益增长的老年群体的多样化需求来看，金融业的服务还需要进一步提升。

应对老龄化难题需要整个社会的有效配合，而金融服务在社会发展中承担着重要的资金储备和配置的作用。养老服务金融是为满足全体国民养老需求而对其全生命周期过程中的投资、理财等提供的金融服务，是在对国民养老财富有效管理的基础上进行的金融创新活动，是我国实现金融服务养老的重要组成部分。围绕民众养老诉求提高金融服务养老的能力和效率，着力养老服务金融供给侧创新就成为应对老龄化难题，提升民生福祉的一个关键。本书聚焦于揭示我国养老群体的养老需求诉求点，致力于推动我国金融行业在养老服务金融方面的创新，督促金融机构尽快推出适合我国国情的养老金融产品和服务，以更好地服务于老龄化社会的养老需求。

本书共包括6个章节，各部分主要内容如下：

第1章主要阐述了我国老龄化社会的主要特点和严峻现实。本章从分析我国老龄化社会的特点出发，从现行养老保险体系、老龄人口抚养比和养老金替代比等角度对我国未富先老、未备先老和特有的独生子女家庭养老等现实情况进行了阐述和分析；介绍了养老服务金融的含义和特征，辨析了发展养老服务金融的理论依据；对我国养老服务金融发展的现状和面临的挑战进行了归纳梳理和分析。

第2章是对我国金融行业养老服务金融业务的调研和分析。重点对商业银行和保险公司进行了调研，对现有提供养老金融服务的金融机构及其产品和服务进行了梳理，着重分析目前我国金融机构在发展养老服务金融方面的做法和存在问题的原因。

第3章是对我国养老服务金融需求端诉求调研与分析。通过调查问卷和访谈等对我国居民养老需求、养老资金的满足和养老资金的管理等问题进行意见收集和归纳汇总，对居民养老服务金融的诉求点进行深入分析。

第4章是对养老服务金融供给侧创新提出建议。结合养老服务金融需求端的诉求特别是尚未满足的诉求，指出养老服务金融应把握的创新目标和方向；借鉴国外养老服务金融发展的实践经验，对我国金融机构在养老服务金融产品和服务方面的创新提出相应的建议。

第5章是对“家庭共享养老账户”构想做出阐释。重点解释家庭共享养老账户的含义、功能、意义和实施所需要的条件，为政府和金融机构在发展养老服务金融方面提供建设性意见。

第6章是讨论和总结。对本书进行总结，并对相关问题提出讨论。

本书的撰写是在作者主持的国家社会科学基金项目（项目编号：17BJY025）的基础上完成的，所涉及的研究问题在我国当前和今后数十年中都将处于不断发展变化的过程中，希望本书的内容能为读者们提供一些有益的借鉴，并欢迎读者朋友和更多学者参与到养老服务金融创新的讨论和研究之中。

本书的完成要感谢济南大学的同仁们给予的鼎力支持和协助，商学院金丽副教授重点参与了本书第2章的写作，张守凤教授和封肖云副教授对调研工作提供了有价值的建议和大力协助。此外，还要感谢我的家人在研究过程中给予我的照顾和帮助。

目 录

第1章 导 言

伴随着21世纪的到来，我国进入了老龄化时代，从劳动力充沛到老龄群体的迅速增加，这个转变的到来让我们整个社会感到措手不及。近些年来，政府和社会各界开始探讨如何应对老龄化的问题，在积极的探索中发现困扰养老的根本问题就是养老资金的短缺，不论是一些地方政府社会保障资金的捉襟见肘，还是一些家庭在养老支付上的力不从心，都在催促我们尽快找到解决问题的办法。应对老龄化难题需要整个社会的有效配合，而金融服务在社会发展中承担着重要的资金储备和配置的作用，因此，提高金融服务养老的能力和效率，着力供给侧创新就成为应对老龄化难题，提升民生福祉的一个关键。而养老服务金融应该紧紧围绕民众养老诉求，通过供给侧创新不断满足人们对于养老金融产品和服务的需求。

1.1 我国人口老龄化加剧带来的严峻现实

1.1.1 规模庞大，增速加快

根据联合国的标准，当一个国家总人口比例中超过10%的为

60岁以上的人口，或者超过7%的人口为65岁以上人口时，这个国家即进入了老龄化社会。根据这一标准，据我国第五次人口普查显示，2000年60岁以上人口达1.3亿人，占比10.2%，65岁以上老年人口达8811万人，占比6.96%，表明我国已进入了老龄化社会。2010年的第六次全国人口普查显示，60岁及以上人口占比达到13.26%，比2000年上升2.93个百分点，其中65岁及以上人口占比8.87%，比2000年上升1.91个百分点。

更为严峻的事实是，自2000年我国进入老龄化社会以来，老龄人口数量在快速增加。据国家统计局公布的数字，2016年底全国总人口达到138271万人，其中60周岁及以上人口为2.3亿，占总人口比例的16.7%，65岁以上人口已经超过1.5亿，占比至10.8%。2017年底，总人口数量为139008万人，比2016年增加737万人口，总人口中60周岁及以上人口为24090，占比17.3%，比2016年增加了1004万，65岁及以上人口为15831，占比11.4%，比2016年增长了828万。我国面临的一个严峻的事实是：老龄人口增速现已超过全国人口增速，且在未来30年内将有较快增长，以平均每年上升0.32%的速度快速膨胀，预计到2050年，中国接近1/3的人为60岁以上的老年人，达到4.87亿，而其中80岁以上的人预计达9700万人；2060年前后，65岁及以上人口数量将达到最高峰，超过总人口的30%，中国将迎来重度老龄化高原期（董克用，张栋，2017）。这些数据告诉我们：老龄化时代挡也挡不住的到来了，不仅老龄人口数量快速增长，而且人口老龄化的趋势也在进一步加快，“养老”问题仿佛突然摆在了我们的面前，令人措手不及，但又必须直面应对。

1.1.2 未富先老，未备先老

相比发达国家的老龄化带来的各方面问题，我国的老龄化问题更为严峻，主要原因之一就是，从总体来看，我们存在未富先老和未备先老的现实。

从国民收入的角度来看，欧美国家在进入老龄社会时，人均国内生产总值一般达到5000～10000美元，而在2000年我国进入老龄化社会时，我国人均国内生产总值仅为7912元，按照当时汇率计算，折合约955.8美元，而美国进入老龄化社会在1942年，按照不变价人均GDP为13138美元。因此，我国是典型的“未富先老”国家（安信证券，2016；岳磊，2017）。未富先老意味着国民资产总量较低，而国民财富是养老服务金融发展的前提，因而养老服务金融缺乏财富基础（岳磊，2017）。

从趋势上来看，由于我国人口寿命的延长，未来的老年期将超过就业准备期。然而和这一客观趋势相比较，人们在金融准备方面还远远不足，“我们的基本养老保险目前还不能支撑这么长时间的生活需要，商业性的养老保险、养老信托、养老基金、养老证券等金融存量远远不足，存到银行里的大量养老储蓄面临贬值风险，等等”（党俊武，2018）。

1.1.3 老龄人口抚养比上升，养老金替代率下降

除以上严峻的现实外，另一个具有中国特色的现实是中国家庭的“少子化”。自1982年正式开始实施计划生育国策以来，我国的人口出生率逐步下降，从2.24%下降到1.5%，很多家庭中都只有一个子女，中国家庭正面临少子化的现实（见图1－1）。

计划生育政策的一个副作用就是人口结构被人为地扭曲了，造成了现在我国年轻劳动力的相对短缺，还有老年人口抚养比①的不断上升。老年人口抚养比，也称老年人口抚养系数，这一系数表示的是65岁以上人口数在劳动年龄人口中的比例，是从经济角度反

① 老年人口抚养比是指人口中非劳动年龄人口数中老年部分对劳动年龄人口数之比，用以表明每100名劳动年龄人口要负担多少名老年人。

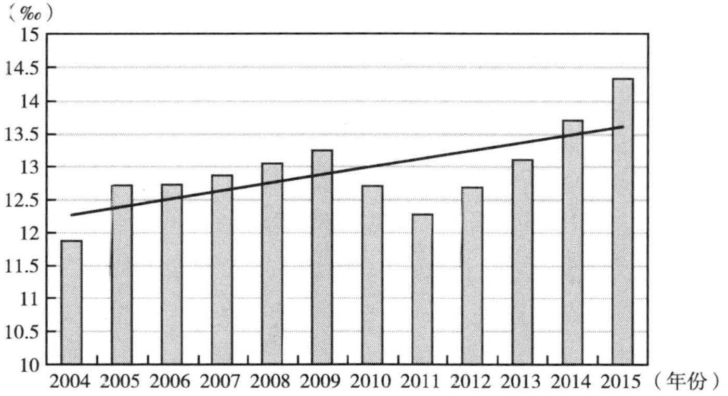

图 1－1　老年人口抚养比变化趋势

资料来源：根据国家统计局数据整理。

映老龄化社会后果的指标之一。如图 1－1 所示，这一指标在过去的 10 多年来呈现总体不断走高的趋势，至 2015 年，我国的老年人口抚养比达到 14.33，这意味着在我国每 100 名劳动人口需抚养 14.33 位 65 岁以上的老年人，社会保障的压力日渐增大。根据人口结构预测，预计到 2030 年，这一数据会超过 20%（胡晓义，2002）。

而另一表示养老压力的指标是养老金替代率①，这一指标近些年呈现不断下降的趋势。养老金替代率指标衡量的是劳动者退休前后生活保障水平的差异，它是国家在维护养老保险制度体系时考虑的重要内容，可以反映退休人员的生活水平。图 1－2 显示自 1997 年我国进行养老制度改革开始，替代率水平基本是持续下降的态势，2017 年更是达到了 40% 的低水平，到了国际劳工组织在 1952 年制定的《社会保障（最低标准）公约》的底线标准，而根据世

① 养老金替代率，是指劳动者退休时的养老金领取水平与退休前工资收入水平之间的比率。

界银行的建议，如果要想退休后保持与退休前相当的生活水平则应达到70%以上养老金的替代率，根据国情，我国的企业养老保险目标替代率设计水平是要达到60%左右。因此，无论从哪个角度来看，目前我国养老金的替代率都处于很低的水平，这意味着退休人员的生活水平必然会受到影响。

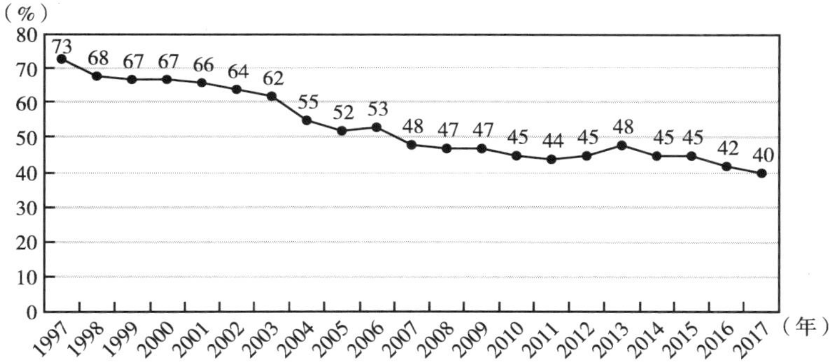

图1－2　基本养老保险替代率不断下降

资料来源：作者根据人力资源和社会保障部统计数据绘制。

此外，从国家层面来看，基本养老保险征缴收入与支出之间的差距也在不断扩大，图1－3可见，我国自2013年以来，基本养老保险基金已经出现赤字，养老保障体系的第一支柱已经不堪重负。政府为了解决这一困境，动用地方财政对养老基金进行补充，以解燃眉之急。需要指出的是，全国各地由于经济发展水平不同，在养老保险基金的充裕度上也有不同，总体来说，经济发展好的省份要好于经济发展相对落后的省份。为均衡不同地区间所负担的企业职工基本养老保险基金，国务院印发了《关于建立企业职工基本养老保险基金中央调剂制度的通知》，决定建立养老保险基金中央调剂制度，目的是通过地区间的调剂实现基本养老保险制度的可持续发展，这一制度已于2018年7月1日起开始实施。

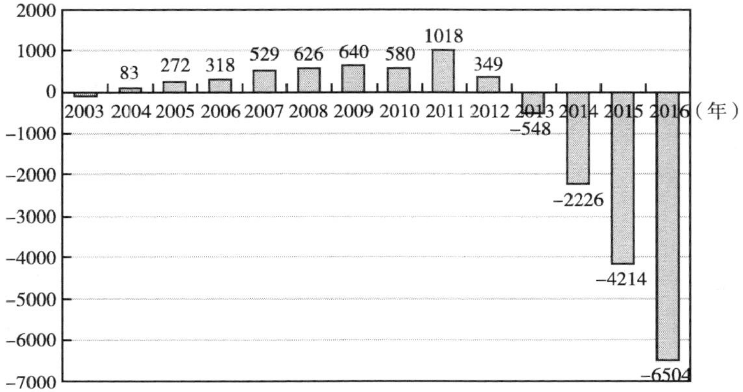

图 1-3　我国基本养老保险征缴收入与支出差距不断扩大（亿元）

资料来源：中国报告网，2017。

1.1.4　父母需要照顾，子女有心无力

计划生育政策带来的另一个现象是我国空巢老人数量的增多，无论在城市还是在农村。外出求学、工作，甚至出国定居已经成为年轻一代独生子女的常见选择，他（她）们的父母不得不面对在老年阶段自己照顾自己的现实，传统的“养儿防老”要么已经无法实现，要么必须改换其他方式。特别地，独生子女政策导致家庭对独生子女开支和投入的倾斜，祖辈和父辈为了培养下一代不惜代价，从胎教、早教到出国留学，培养一个孩子的花销呈逐年上升的趋势。有人粗略统计过，在一线城市培养一个孩子从 0~18 岁的花销能超过百万元，这个数字在二三线城市也得有几十万。在“未富先老”的国情下，这是一笔很大的开支，甚至侵蚀了父母和祖辈的养老资金储备。

而从独生子女的角度来看，“四二一”的家庭结构让独生子女一代在面临父辈和祖辈的养老时感受到了巨大的压力。老年人养老需要无非在两个方面，物质和精神，所谓“有钱出钱，无钱出力"，在如今儿女选择"父母在，也要远游"的情形下，儿女"出力"已然不可期，那唯有"出钱"来完成赡养父母的义务。很多年轻人自己的收入不高，养活自己的小家庭都还捉襟见肘，赡养父母更是力不从心。更有"啃老"一族，靠父母资助才能生活。再加上年轻人工作压力大、时间长，很难拿出时间亲自照顾父母。

为解决扑面而来的人口老龄化的社会问题，2015 年 10 月国家提出一对夫妻可生育两个孩子的政策，实施近 3 年来，出生人口数量低于专家预期，"二孩"政策不会立竿见影，养老问题在未来若干年内都将是我国社会面临的重大挑战。

进入老龄化社会后的 10 多年，人们对"如何养老"这一"灰犀牛事件"① 终于开始重视，人口老龄化已经引起了国内各界的关注。老龄化给社会带来的一系列问题，需要全方位地进行养老适应布局和应对。"养儿防老"的传统难以为继，外部养老服务会成为新的养老形态，居家养老是我国大力提倡的解决方案也是现实之举。在国家的重视养老体系建设规划的大形势下，养老服务业必然会快速发展，成为我国经济发展的一个新的增长引擎。养老服务涉及衣食住行、生活照料、用品生产、医疗服务、文化健身娱乐等多个领域，每个方面都离不开金融服务的支持，养老服务金融将迎来巨大的发展机遇。

伴随老龄社会压力的急剧加大，养老涉及的各方面需求也会非常巨大，而金融服务将是其中最重要的一环。过去 40 多年经济持续发展带来了国民财富的积累，为发展养老服务金融奠定了基础。全国老龄办的数据预计，2014—2050 年，中国老年人口的消费潜力将由 4 万亿元迅速增长至 106 万亿元左右，占 GDP 的比例将从 8% 增加到 33% 左右（岳磊，2017）。如何合理规划使用好"养老的钱"不仅是每个个人和家庭需要思考的问题，更应是社会相关

① "灰犀牛事件"，是指太过于常见以至于人们习以为常的风险。

组织需合力解决的问题。

养老的问题归根结底是“钱”的问题，即养老的资金哪里来？如何对养老资金进行储备和管理，合理配置家庭资产？这些是找到“养老”社会难题的关键，因此“拿什么养老”比“怎么养老”更需要我们找到答案。为解决老龄化社会对资金的需求，我们要运用智慧，勇于探索，积极创新，力求发挥金融行业的效能，从而满足人们在养老方面不断增长的需求。为更好地理解金融服务养老的重要性，我们需要首先厘清养老金融的有关概念和理论。

1.2 我国现行的养老保险体系

我国的养老制度在中华人民共和国成立后一直采用现收现付制①，1997 年进行了养老制度改革，经过数次调整，我国现行的养老金融体系为“统账结合”部分积累制②的三支柱体系。它是根据我国的国情，借鉴国际上社会保险发展的经验和教训之后创造出来的社会保险体系。特征为政府、雇主和个人共同承担，第一支柱是政府主导、财政兜底的公共养老金，这部分是为参加社会养老保障的人提供基本的生活保障；第二支柱是职业养老金，由雇主主导，雇主和个人双方缴费积累，享受国家税收优惠；第三支柱是个人自愿参加的养老金计划，为鼓励个人参加的积极性，国家从税收方面给予优惠（董克用、张栋，2017；见图 1 -4）。三支柱体系中第一支柱是强制实行，目前承担着主要养老作用；第二支柱因为属企业自愿参加，参加比例很低；第三支柱已提出多年，但因优惠政策迟迟未出，吸引力不够，直至 2017 年 6 月，针对个人账户的税收优

① 现收现付制（DB 制）本质上是向工作的年轻人收钱，养现在不工作的老人。

② “统账结合”是社会统筹与个人账户相结合的养老金积累模式。

惠才真正落地，因此，目前它在养老体系中起到的作用也非常有限。多支柱养老金制度发展需要涉及不同的金融服务，在我国这些服务主要由金融市场的四大主要领域银行、证券、保险、信托来承担，这些金融部门通过发挥各自的优势，共同服务于养老金体系（胡继晔，2017）。中国目前社会养老保险体系构架的组成具有我国自己的特色，概括来讲，这一体系按照人口类型分为城镇企业职工养老保险、机关事业单位养老保险和农村户口人群的养老保险三大部分。

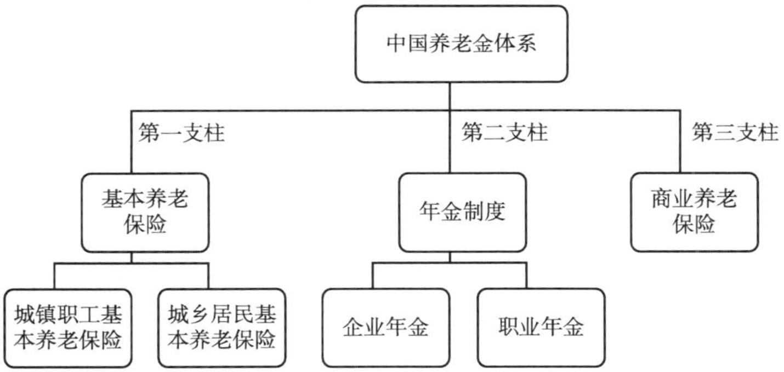

图1－4 我国的社会养老保险体系架构

从这一三支柱的体系中我们可以看出，目前我国国民的社会养老保障主要来源和依靠第一支柱的社会统筹的基本养老保险，但这一基本养老保险制度还按有无正式职业分为两大序列，职工基本养老保险和城乡居民基本养老保险。由于在职职工和没有正式职业的城乡居民在缴费能力和缴费水平上存在比较大的差距，这两大基本养老保险制度的退休金在给付待遇上存在很大差距（董克用，2018）。

另据《2017中国居民退休准备指数调查报告》的数据显示，在中国居民退休收入来源中，来自政府的占40%，来自企业的占25%，而来自个人的占35%，第一支柱基本养老金承担着绝大部分养老责任，而第二支柱企业年金制度经过多年仍然发展缓慢。2016 年底，全国企业年金基金累积结存只占到基本养老金资产的 28.71%，平均每人企业年金资产才有 4.76 万元，如此低的数额难以对参保职工的养老起到保障作用；同时期的第三支柱个人养老金收入数额也较少且来源较为单一。由此可见，基本养老保险的资金来源主要依靠的是政府部分，这将给国家财政带来巨大压力。因此全面发展养老金融体系，即建立健全养老金金融、养老服务金融和养老产业金融，并力求均衡发展，同时明确政府、企业和个人等方面的责任分担，对解决养老难题起着重要作用。

多支柱的养老保障体系是由世界银行在 1994 年首先提出（科克罗蒙，1996）将养老金的储蓄、收入再分配和保险三项功能分开，强调国家、企业、个人共同承担养老负担。其目标是消除贫困，烫平收入，优势在于能更好地分散风险，并通过激励政策，如税收优惠，鼓励人们从年轻时就开始进行有计划的养老储蓄，促进经济效率提升和经济发展。多支柱的养老制度体系因其具有的优点已被多个国家采用。另外，“三支柱”模式中养老保险金主要来自政府财政支付的第一支柱和个人与用人单位共同缴付的第二支柱，由于养老金属于刚性需求且数额庞大，并且随着老龄化加剧，需求数额逐渐增大，这就容易造成国家的财政压力，并造成政府在其他预算方面的削减（邹东涛，李欣欣，2011），因此，“三支柱”模式也被称为“危险的战略”（Beattie & McGillivray，2010）。

在总结全球多个国家运用“三支柱体系”的基础上，为消除三支柱体系存在的问题，2005 年，世界银行出版的《21 世纪的老年收入保障——养老金制度改革国际比较》把“三支柱体系”进一步扩大到了“五支柱体系”（Holzmann & Hinz，2005），即拓展了两个新的体系——以消除贫困为目标的非缴费型的“零支柱”和非经济性的“四支柱”。零支柱是普享型的，将养老保障扩大到了所有老年人，目的在于解决终身贫困人口和无法领取正式养老金的人在老年时的基本生活保障。第四支柱是家庭成员帮扶等非制度化安排，是家庭成员内部或代际向老年人提供的养老资金或其他非资金的帮助，包括资金支持、家庭赡养、医疗服务和住房政策等，是包含更广泛的养老保障制度。第四支柱属于非正式的养老保障制度，目前在世界范围内采用的还比较少。

1.3　养老金融与养老服务金融

"养老金融（Aging finance）"近几年在国内成为热度很高的词汇，但是对于它的定义，以及内涵和外延尚没有高度统一的提法。国际上普遍使用的词汇是"Pension finance"，源于英国学者 Blake 在 2006 年出版的经典著作《养老金金融》一书。根据 Blake 的定义，养老金金融的主要研究对象是养老基金投资问题，是研究养老金通过投资于各类金融资产、不动产、各种衍生工具和另类投资实现保值增值的问题。在国内，在对养老金融进行定义时，有的学者的着眼点也主要在"养老金"的层面，如胡继晔（2017）认为养老金融是涉及养老金与金融学两大理论的交叉学科，研究的重点在于如何对养老金在资本市场进行正确的投资以实现保值增值，并促进金融市场发展的研究。还有的学者认为养老金融指的是一个体系，这个体系应包括基本养老保险、企业年金和商业养老保险，还应包括养老储蓄、住房反向抵押、养老信托和基金等多种养老金融产品（贺强，2011）。类似地，马海龙（2015）也提出了养老金融服务体系的说法，并指出要以解决养老问题为体系的目标，以养老产业为体系依托，以各类金融机构为体系的主体，除各支柱养老金外，还应包括住房反向抵押、养老信托等新型金融服务方式统一构成这一养老金融服务体系。而更具包含性和笼统性是孙博（2016）提出的定义，指出养老金融是为应对老龄化挑战，围绕社会成员各种养老需求所进行的金融活动的总和。杨燕绥等（2012）也提出了类似广泛的界定，认为养老金融应属于综合性金融服务，包括管理货币、固定资产和权益类养老资产等。也有的学者从养老资金储备的时间跨度上提出“老龄金融”的概念，认为应建立个人在年轻时期要为老年阶段所需而进行资产准备的金融机制；是整个金融体系的一部分，是老龄产业的重要组成部分（党俊武，2013）。姚余栋和王赓宇（2016）则从养老产业链的角度认为养老金融作为其中的一部分，养老金融是养老产业链中的虚拟经济部分，它涉及所有金融领域，关联到整个虚拟经济。由以上多个定义可见，目前对养老金融的定义比较纷杂，涉及养老金管理，包含多种金融服务的体系建设以及主张结合人的生命周期进行养老储备的理念。

目前，对“养老金融”最具有代表性的定义是董克用（2017）和孙博（2016）所给出的说法，即养老金融是在围绕满足社会成员各种养老需求的基础上所进行的金融活动的总和。它包括三方面内容：一是养老金金融，包括养老金制度安排和养老金资产管理，是为储备养老资产进行的一系列金融活动；二是养老服务金融，包含为满足老年人消费需求而进行的金融服务活动；三是养老产业金融，涉及为养老相关产业提供投融资支持的金融活动。由此可见，养老金融是一个结合了养老和金融的广义概念，而“养老服务金融”是其外延的一部分。这一定义把涉及养老金融的几个职能进行了区分，无论是研究还是实践都更易于厘清其中的关系，因而更有针对性，可以做到有的放矢。

关于“养老服务金融”的界定，有如下几种主流定义。一是指金融机构围绕社会成员养老相关需求，包括消费、投资及其他衍生需求而进行的金融服务活动，其目标是“养老”，重点在“服务”，落脚是“金融”（岳磊，2017）；二是指根据人的生命周期过程，发挥金融的作用，主张人们要在青壮年的时候对资产进行跨时间配置，为未来的养老进行资金准备，从而保证老年时期的消费能力，满足老年阶段的消费需求（党俊武，2013）；三是指金融机构围绕全体社会成员与养老相关的投资、理财、消费及其他衍生需求采取的一系列有关金融产品与服务的创新金融活动，其本质是通过金融创新保障多元化的养老需求（张栋，孙博，2018）。综合以上几种定义可以发现，养老服务金融是旨在为满足全体国民在全生命周期养老过程中的投资、理财等需求而提供的金融服务，是在对国民养老财富有效管理的基础上进行的金融创新活动，是我国实现金融服务于养老的重要组成部分。

就养老服务金融要满足的需求而言，养老金融 50 人论坛（2016）认为老年人的金融需求涉及广泛，除传统的银行储蓄、贷款与保险外，还包括针对养老的综合理财、住房反向按揭、遗嘱信托等新型业务。因此，养老服务金融涉及配置管理的家庭经济资源有金融资产、实物资产和不动产等（岳磊，2017），包括了银行存贷款和理财、商业保险、证券、基金、信托、商品房、贵金属和具有较高价值和升值潜力的收藏品等，涉及全部金融领域。而国民养老需求的最终目的是无忧享受其老年生活，对金融服务的需求包括理财、信贷、保险、医疗与照护、老年家居和养老机构等多方面需求，需要社会各类金融机构提供与实体经济和消费相结合的服务。

由上面的定义可以看出，养老服务金融是围绕社会成员养老相关的消费、投资及衍生需求，内容十分广泛，涉及的金融产品丰富多样。因此，发展我国的养老服务金融事业，应从供给侧和需求端双方面入手，优化养老服务金融产品和服务，通过完善养老服务金融体系和制订实施鼓励性政策，营造良好的养老服务金融发展环境，促进其健康发展。鉴于此，2016 年 3 月，人民银行等五部委联合发布《关于金融支持养老服务业加快发展的指导意见》，从国家层面第一次对养老服务金融的内容有了明确的界定和规划：

一是提供专业化的养老服务金融产品，鼓励商业银行、证券公司、信托公司、基金公司、保险公司等各类金融机构加大创新和支持力度，在养老保障方面，针对不同年龄和群体的不同需求，重点研发具有长期稳定收益、符合跨生命周期需求特点的差异化养老服务金融产品。

二是强化便利性的金融服务，提高老年群体金融服务的可得性和便利性，优化老年客户服务流程，探索提供综合性金融服务等。

三是完善基础金融服务和权益保护，鼓励金融机构积极介入社会保险、企业年金、职业年金、员工福利计划等业务，做好支付结算、账户管理、托管和投资等基础服务；同时，加强老年金融消费者教育和权益保护，关注老年客户金融权益保护。

总体来说，养老金融，不管是养老金金融还是养老服务金融，是涉及人的生命周期的金融规划，养老实质上是个人在年轻阶段利用金融工具将收入进行投资和储备，通过金融的跨时媒介作用，对金融资产进行组合和时间配置，在老年阶段退出劳动后利用前期储备的金融资产置换生活所需的产品和服务。因此，养老金融服务的特点是跨时期的金融活动，它包含青壮年的资产储备期和老年时的金融资产运用期，相应地，金融机构需要合理并综合运用金融工具和手段，设计符合民众养老需求的产品，帮助客户实现储备青壮年时的劳动价值以形成长期资本，并兼顾流动性要求，为养老金融资产提供保值服务，以供年老时使用（胡继晔，2017）。

1.4 养老服务金融的理论依据

金融服务养老的理论基础是基于诺贝尔经济学奖获得者莫迪利安尼提出的生命周期消费理论。该理论指出理性消费者选择追求生命周期内一生效用最大化，即以合理的方式消费，其消费支出既与当期收入有关，更与其全部预期收入有关，理性消费者会从全生命周期的角度对个人的支出与收入做出合理的金融规划，这构成了养老金融的微观经济基础。根据这一理论来讲，人们会综合考虑一生的全部预期收入来相应地安排某个时期的支出；理想的情况下，每个人和家庭在任一时刻有关消费和储蓄决策都应反映其生命周期阶段的理想消费分布，从而实现消费效应最大化。

在理性人的假设下，人们会根据预期寿命来判断一生中各个阶段的储蓄和消费的比例，最终使消费额度等于一生的全部收入（张栋，孙博，2018）。值得注意的是，如图1－5所示，人的一生中消费和收入往往存在不同步的事实，即在工作期，收入通常大于消费，产生正储蓄；而在退休期则刚好相反，消费一般会大于收入，产生负储蓄，因此，为能在一生中得到平滑的消费，人们需要在工作期增加储蓄，以应对退休期的养老需求。

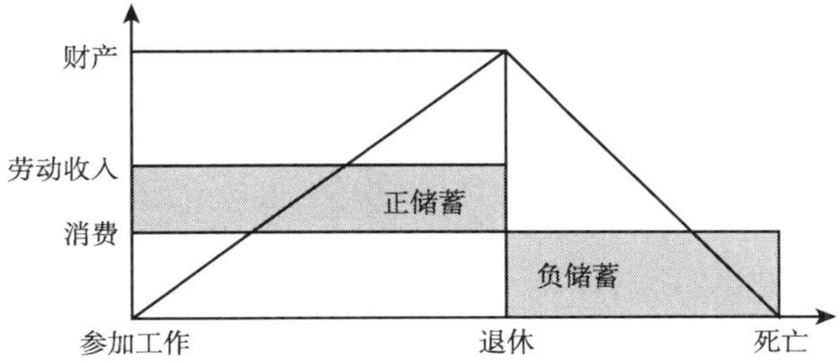

图1－5　生命周期理论下收入、消费和储蓄之间的关系

资料来源：张栋，孙博，2018。

为获得退休期足够的养老资金，一方面人们可以通过多种渠道对全生命周期内的资产进行配置，包括制度化的养老金收入，即由国家社会保障体系提供的资金；另一方面是非制度化的养老储备，即个人或家庭通过市场化方式，利用储蓄、保险、信托和基金等手段，自行进行养老资金储备，这样的方式则属于养老服务金融所涵盖的范围。

在市场和行业层面，美国著名金融专家博迪发现，金融市场的创新能力来源于市场的良性互动竞争，竞争同时会提高金融机构的服务质量。据此，对全生命周期的金融需求本身会促进金融产品和服务的创新，并进而提高金融机构整体的服务水平（胡继晔，2017）。这表明，对养老服务金融业务的投入会提高金融机构的创新能力，有利于引导民众进行养老财富储备并相应地增强养老服务支付能力，所以，为满足消费者养老金融需求而进行创新投入对金融机构和金融行业的发展会形成正向促进作用。

1.5 养老服务金融的特征

1.5.1 业务综合性

由以上定义可以看出，养老服务金融涉及金融行业的各个方面，个人或家庭在对养老资金进行管理时需要运作多种金融产品和服务进行合理的资产配置，以达到安全、保值和增值的效果。

1.5.2 服务普惠性

养老服务金融需要服务于整个国民群体，因此应具有普惠的特征。一方面，老龄人口不论其是富裕阶层还是贫困阶层都可能是养老服务金融的服务对象；另一方面，不仅是老年人需要享受此类金融服务，而且根据养老准备需从年轻时甚至年幼时进行投入的理念，这一金融服务覆盖的人群面应该不仅限于老龄人口。养老服务金融可以通过金融服务提升社会福利，增强社会保障，让普通居民享有更好、更便捷、更安全的低成本金融服务（岳磊，2017）。

1.5.3 投资长期性

养老服务金融涉及人的整个生命周期，如果个人从年幼或年轻阶段就进行准备，通过合理配置家庭经济资源，对老年阶段的资金需求进行长期规划以达成无忧养老的目标，金融机构为之服务的时间可以达到数十年，因此，相比其他金融服务，养老服务金融具有长期性的特点。

1.5.4 客户稳定性

养老服务金融所涉及的金融产品和服务往往有保险、债券、长期储蓄和基金等，这些产品本身具有的长期性特点会促成客户的稳定性；另外，客户一旦选择了某家金融机构进行养老理财之后，由于某些金融产品的转换成本高，如保险产品，客户轻易不会选择更换理财机构；再加上如果金融机构能提供优质服务和贴身服务则可以增加客户的黏性，因此养老服务金融具有高稳定性的特点。

1.5.5 理财安全性

客户对养老服务金融的安全性极为看重，特别是老年群体，他们对抗风险的经济能力和心理素质都要弱一些，对理财的安全性特别关注，追求资金和财产的持续稳定保值增值。

1.6 我国现有养老服务金融发展状况

针对我国迅速老龄化的现实，国家在发展养老金融方面极为重视。党的十七大确立了“老有所养”的战略目标。政府部门和涉及养老的各个行业都在积极的采取措施应对老龄化时代，但由于之前缺乏应对老龄化的准备和经验，无论是政府层面还是社会各行业都只能是边摸索边改进（岳磊，2016）。

1.6.1 国家政策鼓励支持

从管理层面上来讲，随着我国老龄化速度的加剧，国家陆续出台了一系列的政策，鼓励、支持和促进养老服务业的发展，养老服务金融是其中的重要组成部分。主要涉及金融机构的有如下政策：

• 2011 年，国务院印发《社会养老服务体系建设规划（2011—2015)》。

• 2013 年，国务院发布《关于加快发展养老服务业的若干意见》。

• 2014 年，国务院发布《关于加快发展现代保险服务业的若干意见》（国发〔2014〕29 号）。

• 2015 年，民政部等十部委《关于鼓励民间资本参与养老服务业发展的实施意见》。

• 2015 年，国务院发布《基本养老保险基金投资管理办法》（国发〔2015〕48 号）。

• 2016 年 3 月，中国人民银行、民政部、银监会、证监会、保监会联合下发了《关于金融支持养老服务业加快发展的指导意见》（银发〔2016〕65 号）。

• 2016 年 12 月，国务院办公厅发布《关于全面放开养老服务市场提升养老服务质量的若干意见》（国办发〔2016〕91 号）。

• 2017 年 6 月，国务院办公厅发布了《国务院办公厅关于加快发展商业养老保险的若干意见》（国办发〔2017〕59 号）。

需要说明的是，2016 年以前，由于没有明确的养老服务金融界定，国家相关文件中并未就养老服务金融制定政策，只是涵盖了相关内容。直到 2016 年 3 月，中国人民银行等国家多部门针对养老服务金融制定、发布的《关于金融支持养老服务业加快发展的指导意见》，才正式对养老服务金融进行了界定，对各个金融行业如何参与养老服务，如何建设促进居民养老的多层次金融组织体系提出了明确的指导意见。

以上一系列的文件都鼓励和引导各类金融机构积极参与和支持养老服务业发展，主要要求集中在以下几点：

（1）迫切要求金融机构改进和创新金融服务，增加社会养老财富储备，促进金融行业转型升级；

（2）政府督促金融行业要针对居家、社区和机构等不同的养老形式积极探索和创新与之相适应的金融产品和服务方式，提高金融服务的针对性；

（3）倡导创新专业金融组织形式，支持各类金融组织开展养老领域金融业务，积极培育服务养老的金融中介体系；

（4）推动养老金有效投资；

（5）完善多层次社会养老保险体系，加快保险产品和服务方式创新；督促各金融机构提高居民养老领域的金融服务能力和水平，包括增强老年群体金融服务便利性，积极发展服务居民养老的专业化金融产品，督促、鼓励金融机构探索代际养老等多种养老模式和产品，在居民养老财富储备和养老服务支付能力提高方面做出努力；

（6）强化老年人的金融安全意识，开展金融教育，并加大对金融消费者权益的保护力度。一系列的政策促进与支持，使国内养老金融发展初见成效，在养老服务金融方面探索并转向提供多元化的养老金融综合服务（董克用，张栋，2017）。

特别需要强调的是，在社会保障体系建设方面，2017 年 6 月，《国务院办公厅关于加快发展商业养老保险的若干意见》（国办发〔2017〕59 号）明确指示 2017 年年底前启动个人税收递延型商业养老保险试点，历时近 10 年的个税递延型养老保险终于有了实施的推动力。

1.6.2 金融机构积极参与

在国家政策的指导下，各类金融机构开始对养老服务金融加大关注，并且伴随着老年人口增加的还有他们财富的增长，对养老服务金融的需求日益强烈，老年群体以及与养老有关的产业亦成为金融行业重点研究和服务的对象。有多家银行均针对老年人开发了特别的金融服务方案，纷纷推出适合养老的产品和服务，提高老年人金融服务的便利性。如上海银行提出要打造“养老金融服务专家”，设立养老金融支行和养老金融专卖店，以具有针对性和专业性的服务满足老年群体的金融服务需求。建设银行成立了养老金公司着眼于养老金资产管理业务，同时探索开展综合性的养老服务金融业务。保险行业在原有寿险业务上，推出了以“养老”为保障的养老保险，特别地，还推出了养老社区等新服务，如泰康保险公司的“泰康之家”。基金行业和信托行业也积极探索养老产品，如基金公司在借鉴美国的养老产品的基础上推出了生命周期型的基金，信托公司则推出了为高端客户打造的消费信托项目。

总体来说，养老服务金融在我国的发展还处于刚刚起步和探索之中，相对于不断增长的市场需求和养老产业巨大的发展空间，我国养老金融的发展较为滞后，目前仅在养老服务设施建设和养老金管理方面开展了一些探索（洪崎，2016），在产品种类、服务渠道的多样性和便利性方面的专业研究和推广实施还很不够（陈锦光，2018）。金融行业对养老提供的产品和服务还主要是在原有产品的基础上与养老概念的简单嫁接，养老服务金融重在产品创新，金融行业尚需开发出更多结合国情，符合民生养老需求的金融产品和服务，甚至改变目前的金融业态，以全新的视角去应对老龄化时代带来的挑战和机遇。

1.7 养老服务金融面临的挑战

相对于老龄时代的快速到来和养老金融服务的巨大需求，我国养老金融的总体发展较为滞后，目前仅在养老服务设施建设和养老金管理方面开展了一些探索（洪崎，2016），养老服务金融尚处于探索和尝试阶段，而且发展养老服务金融还面临着很多问题和困难。

1.7.1 老龄人口收入低，来源单一

据2014年全国性老龄人口生活状况调查——《第四次中国城乡老年人生活状况抽样调查》的结果，城镇老龄人口的主要收入来源主要依靠保障性的养老金，占其总收入的比例79.4%；农村老年人对保障性收入的依赖相对较低，不足城镇老年人的一半，为36%。除养老金外，老龄人口的收入来源为经营性、财产性和家庭转移性收入等，有些农村老龄人口还需子女供养（党俊武，2018），可见老龄人口的收入来源很少，较为单一。另外，老龄人口由于已退出了主流劳动力市场，收入下降，总体收入水平社会收入水平的下游。而且随着年龄增长，老年人口健康状况下降，在日常和特殊照护方面，在老龄用品和医疗花销等方面的支出将明显上升，占其收入的较大比重。该调查报告还显示，2014年全国老年人人均消费支出为14764元，其中日常支出占其总收入的56.5%、非经常性支出占比17.3%、医疗费用分别占比12.9%，三者合计达到其总收入的86.7%，只剩余13.3%可用于其他资金储备。

另据中国健康与养老追踪调查（CHARLS）2013年数据，我国60岁以上的人口中有4240万人的消费水平位于贫困线以下，占老龄人口的比例约为22.9%，而且农村老年人口的贫困率为28.9%，远高于城镇老年人口的这一指标。类似地，联合国驻华系统发布的报告《老年公平在中国》显示，因为我国老年人的贫困率较高，所以在老年人口收入保障方面的排名位次最低，为第75位。同样据2014年的《第四次中国城乡老年人生活状况抽样调查》数据，2014年城镇老年人平均收入达到23930元，而同期农村老年人的平均收入仅有7621元，不足城镇水平的1/3，可见城乡老年人收入之间差距明显。

老龄人口低收入和收入来源单一的特点意味着一老龄人口需要增加养老资金储备以满足老年后的生活消费需求，这为养老服务金

融指明了发展方向；二是老龄人口较少有多余的资金用于养老的投资理财，这对发展养老金融造成不利。

1.7.2 居民资产配置不合理，金融知识相对缺乏

我国居民家庭资产配置的两个方面主要为房产和储蓄，并且储蓄与房产往往是没有将来使用上的明确划分，这就会造成投资期限上的盲目性，以及长短期资产合理配置的缺失。据《中国家庭金融资产配置风险报告（2016）》提供的数据，从配置比例上来看，房产占据较高比例，占比高达 68.8%。这一做法与我国传统的“买房置地”的家庭财富积累理念一脉相承，但这样的资产配置存在着明显的问题，因为房产具有流动性差，随经济周期波动明显的特点，这无疑会增加家庭资产的风险，并不利于老龄人口在急需现金时的资金调动（唐莹，2018）。虽然我国居民家庭房产配置比例高，但住房反向贷款养老保险这一便于养老资金满足的新型理财方式却很难推行。目前我国正在部分地区推广住房反向抵押养老保险，目的在于解决老年人的养老资金问题，但试行几年来，收效欠佳，这种局面的形成虽然有多方面的原因，但传统观念中父母将财产遗赠给子女的做法在老年人甚至很多年轻人中根深蒂固，用抵押房产获得养老资金的做法一时难以被接受。虽然如此，但为长远计，中国银保监会下发通知，自 2018 年 8 月 1 日起将老年人住房反向抵押养老保险从试点扩大到全国范围开展。这一举措为我国居民增加了一个满足养老资金的选择，但实施效果还有待时间检验。

财富的保值增值和有效管理是养老服务金融的重要内容，但目前储蓄依旧是大多数国民财富管理的主要方式，储蓄是我国国民最常采用的家庭理财方式，据《中国家庭金融资产配置风险报告（2016）》，我国居民金融资产中，储蓄的比例占到将近一半，达 45.8%，高储蓄比例的原因之一在于我国养老金融服务产品创新不足，人们缺乏更多令其满意的选择。另外，传统观念对重储蓄的做

法也产生了重要的影响，通过自身储蓄或者依靠家庭互助是中国人养老的重要观念和传统做法，同时人们对资金的安全性非常重视，更愿意采用低风险的储蓄而非高风险的其他金融投资方式；而储蓄方式本身虽具有很强的安全性，但却难以实现保值增值的目标（董克用，张栋，2017）。

金融知识的缺乏是造成国民重储蓄、轻投资的另一个主要原因。金融业在我国发展较晚，导致国民对金融的认知水平比较低，加之相对来说老年群体文化程度较低，金融知识专业性强，他（她）们很难理解和掌握，因此只对最基本和传统的金融业务如银行储蓄、贷款和人寿、意外伤害保险等有了解和参与，对出现比较晚，特别是需要专业投资知识的金融产品和服务了解不多，更因这些产品的风险较高，令其不敢尝试，如证券、基金等，而信托类的产品因为其投资的高门槛所以参与的人群尤其是老年人就更少。一方面，国民的金融理财投资习惯为金融机构吸收大量稳定的资金带来益处，但另一方面，金融资产配置的不合理分配，亦会造成整个社会金融效率的低下，不利于新型金融服务的推广和发展，也不利于国民养老资金的合理安排。

同样，由于金融知识的缺乏，老年人普遍厌恶风险。花旗银行和友邦保险在2015年11月发布的《养老准备指数及洞察报告》（卫一夫等，2015）中指出，中国居民投资理财的心理多为追求"高收益，低风险"，但显然这不符合金融市场的规律，在现实中是难以实现的。同一报告还显示，安全稳健保值增收、收益明确保证、运作机构信誉好值得信赖是国民在选择金融理财产品时的主要考虑。可见，对这些因素的看重也是造成居民重储蓄、轻投资现象的另一个主要原因。

另外，正因为居民金融知识普遍不高，老年群体中具有金融知识的人更少，对金融产品和服务缺乏了解，因此他（她）们极易被不法分子欺骗，造成严重的损失。

1.7.3 居民养老准备不充分，缺少明确的养老储备规划

国民对于提早进行养老准备的意识不强，准备不足。居民在年轻时没有着手对养老进行准备，在其金融理财和投资中也未明确为养老做出明确规划。据清华大学和同方人寿连续几年共同发布的《中国居民退休准备指数调研报告》显示，2017 年，中国居民的退休准备指数[①]为 6. 31，该指数近 5 年来一直处于 6 点多的水平，处于略高于及格线的水平；从区域比较来看，全国各地区的退休准备指数存在明显差异，具体表现为发达城市这一指数高，如上海的退休准备指数达到 6. 54；而发展相对落后的地区，如贵州，海南，宁夏，青海，西藏，新疆等，这一指数仅为 5. 24。

更应引起重视的是，在 2016 年的此项调查中发现，仅有 15. 3% 的受访者认为自己为退休进行的准备十分充分，认为准备不足以支撑退休生活的群体则较 2015 年增长了 10%，而 2015 年有 2/3 的人认为准备不足，45 岁以下人群中有 65% 的人没有充分准备。居民退休准备不足与宏观经济发展水平和景气程度有关，但也与居民对退休准备的认识有关，除了我国居民缺乏养老规划的原因之外，调查中发现，居民对于经济和预期的退休后收入比较乐观，这种“预期乐观”也造成了居民对于退休准备的不足。年轻人群对提早进行退休准备的责任意识尚未建立起来，而且他们正处劳动年龄，要同时担负赡养老人和抚育子女的责任，在资金方面经常捉襟见肘，因此在考虑未来养老的问题上就更是力不从心（清华大学，同方人寿，2017）。

居民退休准备的不足对发展养老服务金融来说会造成资金来源的缺乏，人们在养老理财方面的传统观念也制约了养老服务金融的发展，产品和服务的多样性和灵活性受到局限，增加了金融机构为

① 这一指数描述的是居民对未来退休生活的准备状态，数值越高表示准备越充分。

居民进行养老理财服务的难度。

1.7.4 支持性政策尚需细化，监管亟须到位

如在1.6.1中所讨论的，近几年国务院及相关部委陆续出台了一系列涉及养老服务金融的政策，但主要体现为宏观指导，在操作层面缺乏细节指导，不便于落实，政策支持养老服务金融的力度大打折扣，金融机构对如何开展养老服务金融尚不十分明确，效率不高。更为重要的是，公共财税体制和机制不适应发展老龄金融的需要，使开发有吸引力的养老金融产品变得困难（党俊武，2018）。另外，在监管层面尚没有明确的法规出台，对养老服务金融的业务范围、从业机构、服务标准、业务流程等内容进行界定和规范，也导致养老服务金融的监管不足（岳磊，2017）。

1.7.5 金融机构对养老金融业务的兴趣偏狭

目前，各个金融机构都已经在进行养老服务金融的尝试与探索，但侧重点更多是放在申请养老金管理资质，承接国家社保基金的运营，这项业务因涉及的资金规模巨大，所以对金融机构极具吸引力，虽然这种运营对社保基金起到保值增值的重要作用，但对个人和家庭来说则无法直接感受到其中的好处。

对个人和家庭来讲，更为直观的是金融机构推出的产品和服务，而目前金融机构提供的养老服务相关的金融产品，主要是其传统业务的改换标签而已，如银行将理财产品冠以“养老理财”的字样，但在设计上并没有针对养老需求的特殊性；保险公司推出的“人寿养老保险”也是在普通人寿保险基础上的改头换面。可以说，现在金融机构推出的针对养老的产品比较多样，包括理财、信托、养老保障管理产品和老年信用卡等，但这些金融产品与养老人群的实际需求存在一定的偏差，并未在市场上受到特别青睐，导致发展缓慢，因其规模较小，增长有限，所以为金融机

构贡献利润方面作用有限（岳磊，2017）。在此情形下，金融机构很难对养老产品高度重视，从总体上来看，养老服务金融尚缺乏清晰的业务框架和发展思路，反映出金融机构对该项业务的认识还处于初级阶段。

1.7.6 养老服务金融忽视需求导向

养老金融产品没有实现养老金融服务需求导向，现有养老金融产品和服务更多是带有“养老”字样的大众化金融产品，并未针对人们未来养老生活需要，不具备以全生命周期为考虑的特点，与老年群体的需求导向形成偏离和错配，使人们缺少适合的养老服务金融投资品种选择，致使大量潜在的养老服务金融客户只能选择低利率的银行储蓄，造成金融资源的低效配置，并使人们的养老投资暴露在通货膨胀的风险之中（董克用，张栋，2017）。金融机构理念落后于长寿时代的可观要求，注重“短钱”金融，而老龄金融需要的“长钱”金融还很缺乏（党俊武，2018）

现阶段，国内对养老金融服务和产品的提供严重不足（孙博，2015；陈艺，2013）。一是从宏观上来讲，我国老年人保障服务体系建设起步晚，加之之前经济发展较为落后、收入水平低，使老年人的金融服务需求长期被抑制（唐心仪，2014），同时也造成我国在应对老龄化的金融准备方面严重不足。目前我国资本市场还不完善，养老金融的重任目前还主要由银行和保险等机构来承担，而证券、基金、信托类产品还很缺乏（陈锦光，2014）。此外，发展老龄金融需要所有金融机构通力合作，但现有金融体制机制上存在障碍，使金融领域内各行业的协同行动十分困难（党俊武，2018）。二是就金融行业内部而言，对养老金融业务的介入目前只停留在传统业务与养老概念的嫁接上，缺乏实质性和针对性的产品和服务的开发和推广，在组织架构、产品设计方面存在明显不足（徐丹，2013）。综上所述，目前我国的养老金融领域最大的问题是缺乏创新（邓骞，2015）。商业银行作为我国金融行业的主体，尚未对养老金融业务设立独立的业务板块，缺乏组织安排，在管理架构上目前主要采取挂靠在公司机构业务或个人客户业务上，难有成体系、成规模的发展；产品的设计有针对性考虑，但特色不明显（谢宁，2015）。养老金融业务在产品设计方面针对性较弱，当前的养老金融产品基本上是在原有产品上的微调，并且存在存续期较短，难以满足养老产品长期性投资的需求。相对而言，保险公司在养老金融产品方面略为领先，目前国内保险业已成立了多家专门的养老保险公司，可针对不同客户需求偏好，提供股票型、债券型、混合型、固定收益型、货币型等多种产品。近期，基金公司业也开始试水养老金融市场，尝试开发养老产品，有公司推出了生命周期型的基金，充分考虑不同年龄段的风险收益特征。

1.8　养老服务金融研究的现状

随着我国老龄化趋势日益加剧，养老金融成为一个新的研究热点。从国际上来看，因为金融在养老中发挥越来越重大的作用，金融与养老已经不再是毫不相关的不同研究领域，而是呈现出越来越互相融合、互相影响的趋势（胡继晔，2017）。但对养老服务金融并未明确单独开展研究，往往是与整体的养老金融放在一起进行研究。国外很多国家进入老龄化社会比我国早，较早开始了社会保障制度的改革，金融业发展也比国内领先，因此无论是在理论方面还是实践方面，这些国家在利用金融市场来解决养老问题都比较成熟，其研究和实践值得我们借鉴。

自中华人民共和国成立后实行的社会保障体系和现在有很大差别，特别是自20世纪90年代以来的社保体制的改革到现在尚没有完全成熟，还处于探索和不断发展阶段，理论界对社会保障制度改革和金融服务养老的研究也处于起步阶段和探索阶段，相关学术研究尚不充分，并且也还没有形成成熟的系统研究，偏重从社会保障、社会学、经济学等角度分别来进行，落后于政府对金融服务养老问题的敏感和重视以及社会对金融服务养老的强烈需求；加之国内金融业发展也较为初级，金融为养老服务尚处于起步阶段摸索阶段，社会保障研究与金融实践存在脱节现象，大量理论问题需要深入研究（胡继晔，2017）。

综合来看，国内外现有研究对养老金融的主要研究结论可概括为以下几个方面。

1.8.1 养老金融偏重养老金金融研究

目前国内外对于养老金融研究的最多的是养老金金融（Pension finance）。国外针对养老金融的研究主要集中在欧美国家，其中又以对养老金和养老保险的研究为重点。在全球范围内养老金的发展基础上，养老金融理论也逐步形成。如：诺贝尔奖获得者弗兰克·莫迪利安尼认为：理性消费者是从全生命周期着眼，追求平滑跨时消费的效用最大化，他们将工作时的收入变为储蓄或投资，累积起来以便为老年时所用，这种个人的养老金融安排是养老金融的微观经济学基础。从养老金融的管理层面来讲，理论界也偏重对养老基金的研究。如首次提出养老金金融这个概念的英国学者大卫·布莱尔认为养老金金融的主要研究对象应该是养老基金，研究如何更好地将养老基金投资于金融资产、衍生工具和进行另类投资。英国学者，养老金研究院院长，布莱克，在其2006年出版的专著《养老金融》一书中，把养老金融的主要研究对象界定为包括养老基金投资与金融资产，指出各类金融工具如货币市场的证券、债券、股票贷款和多种结合投资工具，以及不动产和衍生金融工具等都是养老金融涉及的范畴（许安，杨馥铭，2016）。国外养老金融研究的重点是结合他们国家实际国情形成的，即个人在养老方面的储蓄只占养老基金的很少比例，绝大多数人的养老是依靠政府提供的公共养老金和有些国家强制要求的私人养老金来实现，这与我国的国情又有很大的不同。在我国，由政府主导的养老金只是养老资金来源的一部分，个人和家庭为老人的养老一般都进行了一定的储蓄准备，因此，我国的养老金融问题研究应把个人和家庭为养老所准备的资金考虑进去。因而，对于这部分资金的管理和使用就有研究的现实意义。

从实践方面来看，美国养老金融的发展历史最为悠久，始于1875 年美国运通公司的私人养老金计划。美国的养老金融的主要组成是养老金金融，经过 100 年的发展，政府相继颁布了四部相关法律，养老金金融逐步制度化和完善。美国养老金融市场包括个人退休储蓄账户（IRAs）和各种缴费确定型计划或固定收益确定型的企业年金养老金计划。迫于老龄化的快速发展，作为金融中心的英国在 20 世纪 70 年代也对其养老金融进行了改革，并且发展迅速。其主要做法是在原先国家福利型养老金的基础上开始引入职业养老金计划形成第二支柱，鼓励民众自己积累的个人养老金计划构成第三支柱，建立国家职业储蓄信托（NEST），并积极鼓励全体国民加入第二、第三支柱，其目标就是建立广覆盖的职业养老金计划和全民参与的个人养老储蓄，使其独立于公共养老保险体系（杨秀玲，邸达，2014；胡继晔，2013）。

国内的养老金发展始于 21 世纪初，采用社会统筹（国民化）和个人账户（全民化）结合的模式（杨燕绥，2009）。2013 年我国合并建立了全国统一的城乡居民基本养老保险制度（第一支柱）。同时，大力发展企业年金和职业年金（第二支柱），鼓励商业养老保险发展。目前，我国第一支柱和第二支柱养老金无论从占GDP 的比例，还是人均数字，均大大低于欧美发达国家（胡继晔，2014）。

综上，目前有关养老金融的研究主要局限在养老金的管理与使用等方面，对养老金融的内涵和外延尚有模糊的认识，对于养老服务金融方面的研究还很欠缺，急需补充。

1.8.2 养老服务金融对解决养老问题作用重大

学者普遍认为，养老服务金融关系到老年人福祉和全社会的和谐稳定，通过发展养老服务金融可以满足国民在全生命周期过程中对资产配置的需求，提供老年生活保障和良好的生活水平。养老的基础是具备充足的养老资金，这就需要金融机构发挥职能优势，未雨绸缪，帮助人们对养老资金进行合理规划和配置。金融机构通过积极开发除传统储蓄、保险等业务外的其他养老特色产品，如养老理财、住房反向按揭养老、遗嘱信托等新业务，不仅可以满足老年人的需求，而且可以拓展金融机构的业务，增加利润来源。此外，养老服务金融还可以与养老产业金融相结合，把老龄人口的金融服务需求与实体消费结合起来（孙博，2015），如为养老机构、养老设施和养老服务等提供金融支持和纵深服务，加快社会养老产业发展，在赢得收益的同时，更好地服务社会。从现在到 21 世纪中叶，长寿时代会带来巨量的长寿人口，随之带来海量的金融需求，预计我国养老服务金融客户群体的总流量会达到 10 亿左右，涉及海量的金融资产。确保这些日益庞大的金融资产保值增值，这是老龄社会下以满足需求为核心发展现代金融经济的新动能所在，也应是我国金融业发展的重中之重，金融领域要通过投融资体系的开拓创新和制度安排，让如此巨大的养老金融资产更好地满足广大民众的养老需求，这是我国金融业发展的蓝海领域（党俊武，2018）。

实业界对发展养老服务金融的重要性也有深刻认识，如建信养老金管理有限责任公司总裁冯丽英认为，居民的部分养老需求可以通过商业银行提供的个人金融服务解决养老储备规划、支付结算和生命保险等需要，要研究如何提升居民购买养老金融产品的能力，并实现养老基金的保值增值。兴业银行董事长高建平认为，应该通过有效整合各类金融机构及社会资本，建立适宜的商业模式才能为养老提供更好的金融产品和服务；鼓励养老金融创新，促进养老金融和养老产业的深度融合，同时要加快完善养老金融服务体系。信托业在我国发展较晚，但现在已发展成为金融业第二大子行业，信托业的优势是可以横跨资本市场、货币市场和实体经济，因此在养老服务金融领域中应担当重要的角色和责任（胡继晔，2017）。昆仑信托研究部总经理和晋予认为养老信托在养老金融领域将充分显示其制度设计的特点和优越性，利用其功能多样、模式灵活和可以进行资源整合的强大优势，为我国老龄化社会提供一体化的养老综合金融服务。以上实业界金融专家的观点都强调了金融创新和资源整合的重要性，可见，发展养老服务金融必须要倡导金融创新，并且要对目前国内的金融行业进行组织结构和业务类型与模式的改变和完善。

虽然现有研究对养老服务金融的研究还比较少，但其重要性也已被一些学者和实业界人士重视，并开始做了一些探索和实践。理论界和实业界一致认为：养老金融是金融体系的重要组成部分，是满足老年社会养老需求的重中之重，关系到未来整个金融业的发展方向，意义十分重大。国家政府高度重视发展养老金融，大力推进社会养老金融体系的构建，在《社会养老服务体系建设规划(2011—2015年)》中明确提出鼓励金融机构在风险可控和商业可持续的前提下，创新金融产品和服务方式。从个人层面上来讲，每个社会成员也需要利用金融的媒介融通作用为其生命周期合理配置年轻和老年阶段的生产与消费。如何通过完善的养老金融体系，灵活资本运作，创新金融经济，发展养老金融事业，不仅关系每一个公民的老年生活内容和生命质量，也关系到国家金融行业的健康发展，甚至是国家宏观经济的整体稳定问题。提供多元化、多层次、符合民众需求的养老服务金融产品，升级发展养老金融业应成为一项重要的金融战略，关系到我国社会和人民的长远福祉（姚余栋，商灏，2015；邓骞，2015）。

1.8.3　我国养老服务金融实证研究缺乏

目前，针对养老服务金融的研究也很缺乏，特别是实证研究还很少见，无法满足对实业界发展养老金融业务的需求指导；对各级政府发展养老事业，协调利用金融资源助力养老事业不能提供有力的理论和实证支持。在现有养老金融的研究中，一些学者通过对世界上主要发达国家或地区养老金融发展的主流模式和做法进行归纳整理，对我国养老金融的发展提出了相关建议（许安，杨馥铭，2016）。针对商业银行在养老金融方面的研究成果并不是很丰富，现有的研究强调了构建以商业银行为主体的必要性和重要性（马海龙，2015）。针对需求端的研究，有学者根据现有养老金制度和理财产品，为老年人选择理财产品提供了可行性建议（王昂青等，2015）。通过对现有研究的回顾，我们发现，国内现有针对养老金融的研究尚处于初期阶段，很多学者侧重于理论研究，实证研究和调研性研究相对缺乏，针对养老金融需求端的社会调研开展不足，因此缺乏对供给侧一方，即金融行业，提供在制订相关产品和服务决策方面科学依据的有力支持。

1.8.4　养老服务金融业务客户端定位存在局限

目前，我国各地区和主要金融机构均把养老服务金融的客户群体定位在60岁以上的老人，以银发族作为服务的主要目标群体（谢宁，2015；陈怡，2014），显示我国养老金融业参与者对养老服务金融的认识还很初级。“养老金融”并不等同于“只服务于老年阶段的金融”，它是能充分体现金融跨时间、跨空间的特性的金融服务。应该通过对不同年龄阶段客户群体进行的研究和分析，设计有针对性的养老服务金融产品，根据人们的资产储备期和运用期，制订、采用不同的金融解决方案（陈锦光，2014）。

总体而言，我国的养老服务金融尚处于发展的新兴阶段，实业界对相关服务和产品的供给还远远不能跟上我国老龄化迅速加剧的现实，理论界在养老金融方面的成果也落后于实践的需要。鉴于此，本书针对目前国内外对这一方面研究的不足，从科学调研出发，拟在重点选取的范围内进行实地调研，通过对主要城市和地区的老年人及其子女发放问卷开展详细调研，发现养老金融需求端的偏好所在，并结合国外养老金融发展的实践，寻求为金融产品和服务的供给侧提供决策依据，提高金融行业从现在到未来几十年内应对老龄化社会对金融的特殊需求。

1.9 本书的目的和目标

本书的目的是推动我国金融行业在养老服务金融方面的创新，以更好地服务于老龄社会的养老需求。

具体的研究目标包括：第一，梳理我国金融机构现有养老服务金融产品和服务的供给现状；第二，明确我国养老服务金融的需求端主要诉求；第三，探讨供需匹配的前提下，养老服务金融业务的创新发展方向和产品与服务创新的重点；第四，探索适合我国国情的养老服务金融新模式。

1.10 本书的研究方法和研究路线

针对目前国内对该领域的研究偏重理论研究而实证研究相对欠缺的现实，本书的着眼点主要在于实证调研，不仅可以丰富研究领域的实证资料，并可据此推动理论研究的发展，这是本书的学术价值所在。

在研究方法方面，在社会科研研究中常用的方法有定性和定量研究，或者是这两种方法的结合。一般来讲，定量研究是建构在大样本数据的基础上，关注对普遍性问题的揭示，侧重对宏观面的研究，但对问题解释深度上往往不足；定性研究着眼于对细节的诠释，侧重对微观面进行深入细致的研究，对人们的态度、意见和想法进行探索与发现，在深度剖析问题方面具有优势。

本书在需求端诉求方面的研究，注重的是对人们进行养老资金储备和养老消费需求的描述性分析，在金融供给侧一方也主要偏重现状的描述性分析和问题原因的态度分析，因此本书主要采用定性研究，采用的研究方法是调查问卷和访谈。对需求端诉求方面的研究，主要通过对个体的养老需求调研得出我国居民在养老服务金融方面的真正诉求是什么；对养老服务金融供给侧方面的研究，则主要通过对金融机构在发展养老服务金融业务方面的态度、意见等找出我国养老服务金融发展现状的原因和问题所在。综合对需求与供给方面的定性分析，找到现有金融服务存在的欠缺，从而提出为更好满足人们养老需求而进行合理的供给侧创新。

本书的研究通过同时收集一手数据和二手数据并对它们进行分析，为供给侧一方业务创新提供决策依据；同时还为广大需求端客户明晰诉求，为满足其养老服务金融方面的需求提供帮助，这是本书实用价值所在。

从现有的研究资料来看，人们在需求方面的诉求差异受地域影响比较小，但受年龄、文化层次等因素影响比较多，因此在一手数据调研上采用依据年龄段、文化层次进行随机抽样方法，采用线上和线下相结合的方式，面向全国 32 个省和直辖市投放问卷。

具体研究路线如图 1 – 6 所示。

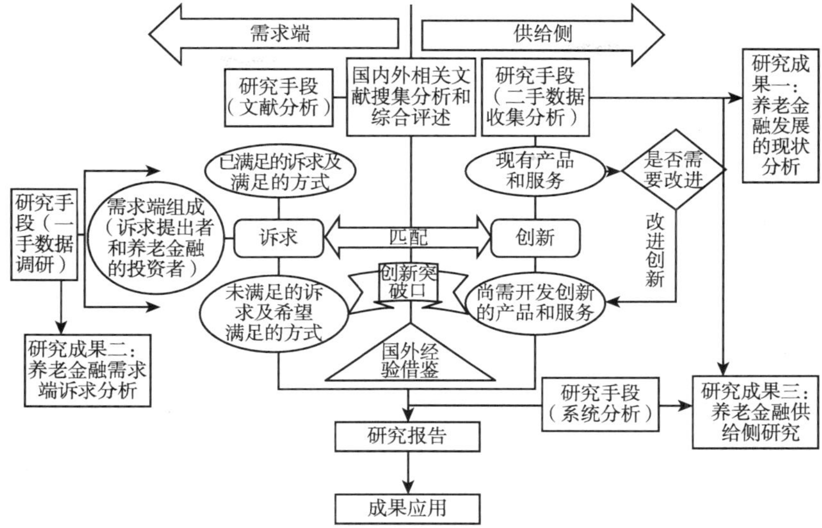

图 1-6　研究路线

1.11　本书的主要组成部分

本书主要分为6章：

第1章为导言，主要介绍研究背景和界定研究范围，对养老服务金融的发展现状做概要描述，明确本书的研究目的和意义。

第2章是对我国金融行业养老服务金融业务的调研和分析。通过调研，对参与养老金融服务中的金融机构及其产品和服务进行梳理，分析目前我国金融机构在发展养老服务金融方面的做法和问题。

第3章是对我国养老服务金融需求端诉求的调研和分析。通过调查问卷和访谈等对居民养老需求，养老资金的满足，养老资金的管理等问题进行了解，并对居民养老服务金融的诉求点进行深入分析。

第 4 章是对养老服务金融供给侧创新提出建议。结合养老服务金融需求端的诉求特别是尚未满足的诉求，对金融机构在养老服务金融产品和服务方面的创新提出相应的建议。

第 5 章是对“家庭共享养老账户”构想做出阐释。重点解释家庭共享养老账户的含义、功能、意义和实施所需要的条件，为政府和金融机构在发展养老服务金融方面提供建设性意见。

第 6 章是讨论和总结。对本书进行总结，并对相关问题提出讨论。

第 2 章

我国金融业养老产品和服务的现状调查分析

过去几十年间，国际金融市场的发展显示，全球金融创新集中地体现在养老金融领域。而我国金融领域内银行、证券、保险、信托服务养老的实践，经过数年的发展也已经积累了较多的经验，推出了一定数量的养老产品，但面对人口老龄化带来的新问题和新机遇，金融机构还需要建立养老服务金融的新思维，在发展中有所突破。创新将会成为金融业服务养老区别于服务传统行业的最重要标志，也是各金融行业在市场竞争中的利器（董克用，姚余栋，2017）。因此，掌握我国金融行业目前在发展养老服务金融业务方面的现状和挖掘存在的问题，找到可能的解决思路是我们研究的主要目标之一。

为了深入了解各金融机构目前养老服务金融业务开展的状况和存在的问题，课题组于 2018 年 4—8 月在金融机构相关内部从业人员中进行了访谈和相关资料的搜集。

2.1　调研的目的、范围和手段

对于金融供给侧的调查采用公开资料搜集和访谈两种方式进

行。一手数据搜集是通过面对面或者电话访谈获得，采用半结构式访谈，访谈提纲见附件一；二手数据通过公开信息渠道获得，包括金融机构网站、专业机构网站、政府相关部门网站、新闻报道、媒体访问等。

二手数据调研的主要目的在于了解金融机构现有养老服务金融产品和服务的提供情况，包括产品种类、数量、具体内容以及金融机构对养老产品的发展计划，调查对象为在本领域中处在领先地位的大中型金融机构，共计 15 家。

访谈的主要目的在于深度了解在公开信息的背后，金融机构的内部人员对于养老服务金融业务的现状、特点、未来发展的预期等的看法，意在挖掘在养老业务发展过程中存在的问题和困难，以及背后的原因和可能的解决方法。本次访谈涉及金融机构从业人员 11 人。其中保险类金融机构 6 人，包括基层员工 2 人，中层管理人员 3 人，保监会中层管理人员 1 人；银行类金融机构 3 人，包括中层管理人员 1 人，社区银行管理人员 2 人；证券类金融机构 2 人，包括市场部中层管理人员 1 人，投行部中层管理人员 1 人。

2.2　我国金融机构养老产品的现状

在我国最为传统的养老方式是保守的“储蓄养老”，随着老年人群学历水平和认知能力的提高，人们开始逐渐认识到养老的积累不仅可以通过储蓄，还可以通过保险、基金、证券、资产管理和信托等更为先进的金融服务平台来得到更为有效的保障。如果从资金的走向分类，除了基础的养老储蓄和基本养老保险等，可以分为投资养老、融资养老、置换养老、养老咨询等多元化的养老金融服务产品体系。

整个养老金融服务产品体系可以大概分为四类：养老保障类、

养老投资类、养老融资类、综合服务类。前两类产品一般是从年轻时代对未来筹谋的运作，亦可以是退休以后的运作，后两类产品一般是进入退休的运作。

养老保障类产品，主要涵盖养老储蓄、除基本养老保险、企业年金和养老基金等之外的商业保险、老年护理险等养老基本保障。养老储蓄产品的形态主要为货币和类货币产品，具有稳健性、保本性、流动性，是最为基础和主流的养老金融产品（雷舒文，2017）。老年人退休后其收入来源单一，储蓄安全、稳定，是老年人最值得信赖的工具，也是他们采用最多的工具，但是此种产品抗通胀能力较差。随着我国老龄人口比例的增加和金融对应改革的发展，部分银行已开始研发以养老储蓄为主的“专门养老储蓄账户”。任何年龄段的公民都可申请一个“专门养老储蓄账户”，每月将收入的一定比例或者一定上限和下限的金额存入账户。协议银行可将这笔确定的资金投资于低风险、长投期、高收益的项目，在保障储蓄人本金安全的同时，为其养老储蓄最大限度地增加收益。在经济环境波动、资本市场动荡的情况下，个人储蓄类养老金融产品是最安全和值得信赖的产品，有助于为储蓄人提供一个保险并理财获益途径。保险类养老金融产品包括社会基本养老、医疗保险和商业保险。

养老投资类产品包括商业银行的理财产品、投资基金、信托基金等，确保客户能够在长期投资与适度收益之间获取均衡收益。除了养老基础保障类产品之外，最为流行的就是此种投资类产品了。已退休人群的养老投资类产品一般集中在银行理财产品，这类产品一般收益率较低，但是安全系数较高。未退休人群风险承担能力较强，其养老投资类产品会选择收益较高的产品。

养老融资类产品，是老年人把自己财产如的房屋产权、公司股权、价值较高的收藏品等作为抵押，向银行或其他金融机构进行贷款来补充养老消费资金的缺口，解决养老资金不足的问题。这种来自西方的养老模式也在我国进行了尝试，但是由于受到的社会伦理、法律制度、房地产市场的波动性影响，此类养老类产品面临较大的风险，且市场反应不佳。从长远来看，此类产品的实施还需要社会多方面的共同协调才具有可操作性，包括商业银行进行金融创新、人们思想观念改变、法律制度的完善、市场秩序的进一步规范等。

综合服务类产品，是把金融服务与其他的产业特别是养老产业相结合，为退休人群提供一条龙的便捷通道，同时通过养老产业的结合增加金融产品对客户的吸引程度。综合服务类产品需要金融机构中不同的部分协同作战，需要金融机构的战略部署和调整。更名副其实的综合服务类产品可能需要不同行业的金融机构协同，这需要构建战略联盟共同体。金融机构提供综合服务类的产品可以有多种，例如，银行一般是通过两种途径，一是对营业网点进行适应性改造，开辟老年客户服务专区或绿色通道，发展社区银行、高新技术等为老年客户提供高效、便捷的金融服务；二是向需要进行养老的客户提供财富咨询和管理，受客户的委托代理、代办金融服务。而保险公司一般也有两种途径提供此类服务，一是为老年人提供退休顾问、法律服务、健康咨询等项目；二是提供养老服务地产服务等。

如果从提供金融服务产品的机构角度对以上金融产品作区分，则可以区分为商业银行类产品、保险公司类产品、基金公司类产品和其他类产品。在我国几乎所有的养老金融服务产品都属于“养老保障型”产品，“养老投资类”产品中理财类产品占绝大多数。“养老融资类”产品极少并已经有失败的案例，而综合服务类产品目前在一些银行和保险机构已经开始做出尝试，但主要是在服务便利方面做出的改变，尚未形成跨金融产品部门的综合金融服务。根据人们对金融产品和服务的习惯认知，下面我们从金融机构的角度对我国现有的养老金融产品和服务种类及其特点做出梳理。

2.2.1　商业银行养老产品

我国金融体系是以银行业为主，商业银行在我国城乡覆盖面广、资产占比最大，老百姓认可度最高，在服务养老中发挥稳定的基础性作用。商业银行在养老服务金融方面拥有其他金融机构所不具备的账户管理优势，这种优势得益于几个方面，一是有更多的机会面对面地为顾客服务，在第一线搜集更细致的客户特征数据，能根据客户相似特征如同年龄阶段、同收入阶段等，推出精准的针对群体客户需求的养老金融产品；二是商业银行拥有丰富的资产托管经验，可以根据产品运营信息和评估绩效判断产品的优质程度和针对方向，向不同养老需求的人群推荐精准金融产品；三是商业银行有历史悠久的出色信用品牌建设和背书，能提供客户信任度更高、安全性更高的产品和服务。以下是商业银行提供的几款主要养老产品及与其相联系的其他服务。

2.2.1.1　商业银行储蓄

储蓄是所有创新金融产品的基础，可以与企业合作捆绑企业年金、和信用卡用户合作信用卡、与信托金融机构合作信托资产、与证券金融机构合作捆绑投资账户，同时努力开拓养老金融业务。商业银行在现有相关存款业务的基础上，可以通过货币市场基金以及可转让定期存单等存款产品，吸引社会更多的存款资金（李丹，2018）。

储蓄也是退休群体使用的最多的金融手段。很多银行也都开始特别专门针对老年人的专项业务，开展对于老年人更为友好的平台和窗口。

国内几乎所有的银行对于现有老年人的银行储蓄的整个流程进行了有针对性的改造，以方便老年客户群体。例如，访谈对象 A 就他所在的银行对老年人储蓄服务改进做了如下说明：

“老年人喜欢可视性的存折或者存单，我们银行 2014 年，针对老年人的这种习惯，他们喜欢使用存折或者存单，而不是银行卡，特别是在养老金客户量大的网点专门配置了使用存折自动存取款机，缓解了客户排队取款矛盾。为了给老年人更好的储蓄体验，我们银行对 ATM 机具进行改进，比如字号增大，提高音量，配备专门的大堂经理等，来方便老年人使用。并且，我们为了照顾老年人害怕吞卡的心理，调整了 ATM 吞卡设置模式，老年人取款，如果输错密码或操作失误机器不再吞卡，而是锁定账户后将卡吐回。”

（访谈对象 A）

有的银行为了吸引老年人客户，针对这些客户开发了专门的卡片，来简化老年人操作一些金融业务的程序和步骤，很好地方便了老年人。同时，银行还会把一些投资类养老服务、养老产业类服务与专项卡片结合，方便老年人客户的一揽子养老需求。对此，访谈对象 B 做了如下介绍：

“我们银行在行业内率先面向 50 岁以上中老年客户推出‘自在卡’，它首先是一个储蓄卡，但是还囊括理财服务、超市优惠等。其中，对于中老年人最关心的‘钱袋子’而又对于投资产品不熟悉的情况，我们银行会为他们在所有的理财产品中提前筛选好适合他们的产品并推荐给他们。比如我们有一个‘定期存款专项利率上浮优惠’，还有一些会员专享理财产品等金融服务。到 2017 年年底的时候，我们银行‘自在卡’有超过 28 万中老年客户，并且为接近 10 万名中老年客户代购买了存款险，对我们的客户提供法律援助服务月均客户有 2000 人左右，这些业务对于客户服务满意度的提升、其他相关业务发展都产生了积极作用。”

（访谈对象 B）

2.2.1.2 商业银行理财——投资类养老产品

在传统银行储蓄的基础之上，由于退休老年人一般对其他养老投资类产品并不熟悉和了解，已经运作多年、又有银行作为其背景的银行理财产品非常受欢迎。养老理财产品是指由商业银行以追求养老资产长期稳健增值为目的设计发行的，鼓励客户长期持有的银行理财产品，有面向机构或个人发行的不同类型。

商业银行的理财一般以周为单位来进行销售。在本调查的调查周2018年9月29日至2018年10月5日，共在售1499款银行理财产品，平均预期收益率为4.49%。除结构性产品[①]外，该周预期收益率在5.00%及以上的有272款产品（占比18.15%），其中预期收益率达到6.00%及以上的产品1款；收益率集中在4.00%～5.00%的产品为934款（占比62.31%）的；4.00%及以下的产品293款，其中22款为外币产品，271款为人民币产品。

面向个人的银行理财产品的起售点大部分是5万元作为投资起点，除此之外，还有10万元、20万元、50万元，最高的有千万级别。从理财产品的时间周期来看，理财产品分为开放式理财产品、短期、中期、中长期和长期理财产品。短期产品大都在20～90天，中期产品周期在90～200天，中长期产品周期在200～365天，长期理财产品周期为365天以上，最高达999天。

养老理财产品是银行理财产品中的一种。目前国内银行提供的养老理财产品有很强的共性，个别银行在养老理财产品上嫁接了其他涉及养老的服务（见表2－1），可以说养老理财产品项较单纯的储蓄产品在服务养老方面更具特点，如访谈对象C所说：

“到现在为止，市面上大概有17款银行养老理财产品，他们有几个特征，一是投资期限一般是3年，二是投资金额总量较大，三是追求长期受益鼓励长期持有。首支银行系养老金产品是‘得利宝·久久添利’，是由交通银行于2009年推出的理财产品。后来相继推出的比较成熟的产品如‘安愉人生’，这是兴业银行的一个针对老年客户的专门服务品牌，这个品牌里面包括了许多服务，可

① 结构性产品是指一个金融资产挂钩一个远期标的。一般这个标的未来有两种可能，一种概率极大的可能对应一个相对高收益；另一种情况小概率挂钩低收益。

以进行养老产品定制、可以进行健康管理、还可以享受银行提供法律顾问，还有财产保障。同时，在这个品牌中又延伸设计了一些进阶版的投资产品，比如‘安愉养老财富1号’是一个非保本浮动收益开放式人民币理财产品，‘安愉百富2号’是一个开放式净值型理财产品。”

（访谈对象C）

表2-1　九家商业银行17只养老理财产品一览表

序号	发行银行	产品名称	产品描述	配售金额（万元）	产品特点评价
1	交通银行	得利宝久久添利	银信理财产品，无固定存续期限，理财周期575天，保本浮动收益型，所募资金投资于“平安信托交行福瑞一生”分红型单一资金信托	5	首只银行系养老金产品，填补了市场中长期银行理财产品空白，获取基础收益情况下将实现季度现金分红
2	上海银行	慧财资产组合系列养老专属理财产品	保证收益型银行理财产品期限120天	5	仅向持离退休的该行养老金客户和VIP客户发售
3	上海银行	慧财人民币养老无忧理财产品	非保本浮动收益型理财产品	5	50岁以上客户或VIP客户
4	上海银行	慧财人民币日新月溢1号养老专属	银信理财产品，存续理财期限182天，非保本浮动收益型	5	仅向持离退休证的该行养老金客户和VIP客户发售
5	招商银行	金颐养老1/2/3号理财	长期分段计息理财产品	5	少数的长期理财产品之一，但3年对于养老需要而言仍然较短
6	华夏银行	华夏盈增老年客户专属	封闭式非保本浮动收益型理财产品，125天	5	与一般理财产品相似
7	中信银行	中老年客户信福年华	专属借记卡	—	以房养老

续表

序号	发行银行	产品名称	产品描述	配售金额（万元）	产品特点评价
8	中国工商银行	如意人生养老金系列理财	固定收益型银行理财产品	10	
9	中国工商银行	如意人生人民币理财产品	分档计息型无固定期限理财产品	10	养老金理财产品
10	中国工商银行	如意人生人民币理财产品	面向特定投资期限理财产品	—	养老金理财产品
11	中国工商银行	如意人生人民币理财产品	面向中长期资金发行的净值型理财产品	—	养老金理财产品
12	光大银行	银行颐享阳光养老理财产品	期限 15 年，固定收益产品为核心，根据长周期进行资产配置，保本 + 组合	个人投资者 10，机构投资者 50	终身理财
13	浦发银行	乐享盈之夕阳红理财计划	保证收益 1 年期，每个月分配一次投资收益本金到期返还	5	与一般理财产品相似
14	浦发银行	同享盈夕阳红	非保本浮动收益型理财产品，2 年期，每个月分配一次收益	5	与一般理财产品相似
15	兴业银行	安愉养老财富 1 号	非保本浮动收益开放式人民币理财产品	5	安愉客户专属
16	兴业银行	安愉百富 2 号	非保本开放式净值理财产品，3 年期	5	安愉客户专属

资料来源：根据公开资料整理。

银行理财天生有银行客户作为依托，有其天生的客户优势。养老金融服务产品的推出可以以储蓄账户为基础和依托来扩大目标客户群体，在产品运营中适时开发养老需求的潜在客户；同时，通过开发新产品和丰富服务内容，全面服务现有客户，使银行理财产品更具吸引力，提升客户忠诚度。

目前国内银行业推出养老理财产品从服务养老需求的方面来看，相比国外理财产品还有不小的差距。国外理财产品的优点具体表现为投资周期期限较长和不固定，能更为灵活且兼具了高收益的特点；在安全性方面一般承诺保证本金安全，投资目标主要是债券和货币市场，因此风险较低，操作较为稳健（陈游，2014）。综合多个发达国家的养老理财产品特点来看，其产品一般为涵盖客户整个生命周期的较为成熟的理财产品，可以长短期结合、高收益高保障结合、固定与自由赎回相结合、不同周期阶段相结合，这些特点对广大养老投资的客户来说构成了很强的吸引力。反观国内理财产品，我们看到在国内一年以上的理财产品就属于“长期产品”，最长理财产品的期限也只有 999 天，即便身披“养老”的外衣，相对人们的寿命来说，也仅仅是一种短期产品而已，如访谈对象 C 所说：

“养老理财产品的发展还是很快的，自从商业银行推出养老理财产品以来，受到了很多老年人群体的关注，因为他们本来也要把资金放在银行中购买我们银行推荐的理财产品，期限短且收益率只比定存高不了多少。养老产品一般都是银行原本的理财客户转过来的。而对于我们银行来讲，长期稳定的投入肯定是更受欢迎的。”

（访谈对象 C）

值得欣喜的是，国内新开发的 17 款专门养老理财产品，已经开始学习国外养老理财产品的设计理念和内容从而赋予新开发的产品更多的养老投资属性，使理财产品与传统的储蓄产品区分开，令其更具特色。但总体而言，目前的养老理财产品仍然与普通理财产品相似，这势必会造成养老概念不清，产品对养老投资者缺乏吸引力，金融行业特别是银行在养老理财产品的开发设计方面还需加大努力。

2.2.1.3 老年消费信贷——融资类养老产品

在 1.4 的养老金融理论介绍中我们提到，虽然老年人的收入来源变得单一且收入下降，但是其消费能力是巨大的，这也是养老服务金融将来发展的主要着力点之一。目前，养老消费金融一直是我国金融体系支持不足的弱项。例如，商业银行推出的信贷产品一般在年龄上或者在收入保障上都有严格的限制，已经超过退休年龄的客户如果需要按揭贷款，一般银行会要求有经济实力的子女作为担保，即将退休的客户在申请个人消费贷款的时候也会受到诸多限制（梅兴文，2018）。

随着人们生活水平的提高和消费观念的进步，老年人消费需求增加并多元化，对金融服务的需求也相应地增加和多元化。除了满足必要的衣食住行医，人们也越来越多的注重身体保健、旅游休闲、再教育再学习等，这些方面的消费比重日益提高。银行业是连接最终客户最多的金融机构，与各行各业的关系千丝万缕。金融机构如果能够结合老年客户的综合需求，开发集旅游、娱乐、健身、医疗等需求于一体的老年专属个人信用贷款，那将会扩大业务范围，并会更好地满足老年人对金融服务的需求。在担保方式上，针对中国的老年人普遍拥有房产的现状，可以积极探索住房反向抵押贷款业务，该业务将住房抵押与个人信贷业务结合，银行等专业机构可以综合客户的年龄、健康状况、预计寿命、房屋的现值、未来的增值折旧等情况评估借款人的房屋价值，签订住房抵押合同，将房屋价值化整为零，按月或按年定期支付现金给借款人。在合同存续期间，借款人可以继续拥有房屋占有、使用、收益和经抵押权人同意的处置权（雷舒雯，2017）。但目前该业务在我国的试行效果并不明显，2014—2018 年底，全国共有 117 户家庭的 172 人参与，这表明发展养老消费信贷还需从信贷担保方式上进行深入探讨。

2.2.1.4　社区银行——养老产品的销售平台

老年人一般坚持自己固有的生活习惯，他们不像年轻人“一机在手走天下”，一般用线上金融服务方式。他们依然喜欢和习惯在线下的实体网点进行“看得见摸得着”的金融服务。因此，根据特殊客户群体的固定需求，银行也意识到了智能网络所不可替代的东西。针对老年客户，一些银行开辟了老年客户服务专区，留存原有的老年人已经习惯了的服务模式、提供敬老服务专窗、绿色通道等。

随着我国老龄化的加剧、老年客户的增加，国内银行应跟着老年客户的需要走，不断优化网点布局，向养老社区、老年公寓等老年群体较为集中的区域加大服务网点的设立，建设小型、便民、低成本的社区银行。这类网点的主要目的就是将银行网点开到离老年客户抬脚可到的地方，延伸服务触角，与老年客户近距离、面对面地沟通，为老年客户提供便捷的服务，营造便捷、安全、舒适的服务环境，让他们的生活与金融机构结合得更为紧密。

在社区银行的建设中，兴业银行是走在最前列并且效果比较好的银行。根据资料显示，兴业银行实施的是低成本的网点扩张战略，将社区银行与养老金融捆绑同步推进。

“2013 年我们银行是开了全国的第一家持牌社区银行，社会反响很大，这也是国家倡导的普惠金融的体现，现在全国兴业银行的社区银行网点超过 1000 家。在济南我们的社区银行有 24 家。因为社区银行的氛围和环境都是比较轻松、亲民，客户特别是老年人都有非常好的客户体验，有事没事可能就会去社区银行坐一坐，聊聊天，或者让我们的工作人员帮着买一买理财，转账什么的。所以老年客户是我们社区银行的核心群，一般的分支行，客户开卡后，不再被使用的睡眠卡占很大比例，往往占到 40%，但社区银行发展得客户几乎全部是活跃客户，区银行营业收入能占到零售收入的 25%。不少社区银行客户中有超过一半的人都有购买我们安愉人生养老理财的经历。”（访谈对象 D）

根据访谈对象提供给我们的资料显示：2013 年 6 月兴业银行的全国首家持牌社区支行开业，截至 2016 年 10 月末，兴业银行的社区支行开业已超过 1000 家。老年客户是社区银行的核心客户群，安愉人生客户占比在 50% 左右，部分网点安愉人生客户的金融资产占比能达到 70%。兴业银行“安愉人生”VIP 客户数超过 131 万，占全行 VIP 客户数 50%；管理的综合金融资产接近 6300 亿元，占全行 VIP 综合金融资产的比重超过 50%。兴业银行社区银行比原战略计划提前 3 年实现盈利目标。

“在社区银行里，你会看到现在老年客户群的变化，以前老年人理财根本不能称作真正的理财，主要是储蓄、购买国债。现在，老年人的受教育水平大幅提高，在他们的资产配置中理财产品占比越来越大，老年客群对财富保值增值需求正不断加强。我们的社区银行解决了‘最后一米’的面对面金融服务问题，社区银行打通了‘线上’‘线下’，让老年客户也能顺畅地享用线上的方便服务，充分利用贴近社区的人缘和地缘优势，温情地服务社区民众。”

（访谈对象 D）

除以上功能外，社区银行的存在还可以防范和减少老年客户遭遇金融诈骗。2015 年，兴业银行针对 50 岁以上的“安愉人生”客户，且层级达到兴业银行 VIP 的相应标准，则自动享受“个人存款账户资金损失保险”服务，如遇电信诈骗，最高赔付额度达 5 万元。

从产品销售的角度来看，社区银行的工作人员发现对于老年客户群体，融资类的养老产品并不如投资类的养老产品那样受欢迎。

“大部分老年人不喜欢‘负债’的日子，我们银行一般也不会向老年人客户推贷款。目前，根据中老年客户的特点，我们主要就是向老年客户推荐国债、定期存款、保本理财、低风险理财等产品。”

（访谈对象 D）

目前，国内多家银行纷纷开设了社区银行，这种举措符合国家一直提倡的普惠金融的理念。但值得注意的是，由于不同银行对于社区银行的发展战略和定位存在不同，造成社区银行在提供服务方面存在着各种各样的问题。如一位访谈对象所言：

“社区银行一般不接受现金业务，社区银行一般也不进行贷款业务，很多合同的签署也需要到更高级别的支行去做，所以如果社区银行的战略定位是宣传银行品牌，不计盈利，则会扩大社区银行规模；如果以营利为目的，没有贷款业务开展，社区银行很难盈利，如果开始在社区银行开展贷款业务，由于专业人员配备的问题，会导致贷款风险提升，比如我们银行山东分行就是前者，而西安分行就是后者。”（访谈对象 E）

这表明社区银行在发展中还需在完成物理布局的同时，深入思考服务的内容，既能实践服务社区居民，特别是老年群体的金融服务需要，又能兼顾银行利润和安全的需要。

2.2.1.5 现有银行养老金融产品的特点

银行的养老金融产品包括基础储蓄，养老投资金融产品，养老融资金融产品和辅助平台。可以看到，随着老龄化客户需求的不断增长，银行对应的养老产品也变得越来越丰富、越来越规范、越来越与国际成熟产品接轨。

第一，重心转移—从基础储蓄向理财产品转移。随着老年客户群对于理财产品认知的加深，已经有越来越多的老年客户把自己的基础储蓄转成了收益率相对较高的理财产品。而相对于融资类养老产品—消费信贷、抵押贷款等，由于传统消费习惯、操作难度、风险控制等原因，远远不如投资类的理财产品受到老龄客户的欢迎。

第二，短期为主，缺乏中长期产品。自商业银行开始推出养老理财产品以来，至今只有 17 种养老理财产品。虽然期限相对于普通理财产品来说较长，但是最长也只是 3 年期限，并且是一年一开放的，这也就相当于本质仅仅是一个 1 年期理财。在老龄化趋势如此严重的情势下，对于已经进入老年的客户来讲，这样期限的投资是难以支撑客户的养老需求的。已经退休的老年人对金融产品的服务价格敏感，要求便捷性、产品的安全性、流动性。这些要求综合起来，很难针对老年人客户开发长期计划的理财产品。对于未退休的年轻人来说，商业银行并没有广泛地开展制订长期计划来应对未来养老生活需要的产品（雷舒雯，2017）。

第三，收益稳定但较低。从目前市场上银行网站页面上的主打“养老”概念的理财产品渠道来看，资金主要投向是货币市场和债券，风险稳健为主，预期年化收益率比存款利息略高，在 4% ~ 5%。在扣除投资的各项费用以后，投资收益较低，甚至低于同期银行和国债的储蓄利率。这种低于老年人的心理预期的金融产品的市场需求并不旺盛。虽然部分商业银行养老金融产品可以尝试进行组合式经营，但银行还要面临国家对银行业投资规模的比例限制等监管规定，用于投资的资产规模不大，几乎不可能获得规模效益，并且进行多样化的投资存在很大的风险。风险高、收益却低，无法吸引客户，同时也削弱了客户对养老金融业务的期待以及对银行的信任。

第四，安全性较强。安全性高是设计个人养老储蓄遵循的原则之一。由于理财资金投资于货币市场、债券和其他低风险高流动性的资金，因此风险程度较低。但是由于期限的限制，我们无法达成安全性和收益性双高的目标。所以安全是以前面所说的低收益为代价的。

第五，同质化严重。在金融领域中，保险业针对养老需求的客户提供股票型、债券型、混合型、固定收益型、货币型多种养老金融产品。另外，基金公司也推出生命周期型基金。相较于这些能够提供丰富产品的金融机构，商业银行养老金融产品在个性化和针对性方面存在很大差距。即使是养老专属产品，存续期很短，同质化情况严重，并没有突出养老的专属需求（孟圆，2016）。我国商业银行目前已经开发了的诸多养老金融产品往往打着养老旗号而推出大众化金融产品，这些产品收益低、期限短、无法满足养老跨生命周期需求。比如个人养老保险方面，保险业设立了专业的养老保险公司，满足多样化需求方面远远高于商业银行；投资需求方面，基金公司推出生命周期型基金，在规避年龄风险方面远超商业银行，因此面对同业竞争，商业银行缺乏明显优势（雷舒雯，2017）。

第六，不具有保障性。我国商业银行的养老保障类的产品投资回报低、投资产品内容方面与保险公司的养老产品相距甚远，与其他养老金融产品相比，期限短、风险小的商业银行理财产品并不具有保障性。在养老金融产品中，我国寿险的市场占有率明显高于银行个人理财，顾客的选择说明了银行养老产品的竞争能力稍逊一筹。

2.2.2 保险公司养老产品

2.2.2.1 商业养老保险——养老产品的主流

商业养老保险是迄今为止国内最为流行的一个养老金融选择模式，随着人们保险意识的提高，依托养老金市场的发展，商业养老保险市场上百花齐放，业务量提升迅速。我国大型保险公司已筹建或成立了专门的养老金管理公司，经营公司养老相关金融和个人养老相关金融业务（见表2－2）。

表2－2　养老保险公司业务范围

	信托型基本养老保险基金	企业年金	养老保障委托管理	保险资产管理	契约型人身保险
长江养老	√	√	√	√	
国寿养老	√	√	√	√	
平安养老	√	√	√	√	√
太平养老		√	√	√	√
泰康养老		√	√		√
安邦养老		√	√		√
新华养老		√	√	√	√
人保养老		√	√	√	

资料来源：根据公开信息整理。

从平安养老、太平养老、国寿养老、长江养老保险公司营业收入趋势来看，5 年来增长速度可以达到数倍甚至 10 倍以上。平安养老和太平养老分别对各自保险业务收入和原保险合同保费收入进行了统计。数据显示，市场份额最大是平安养老保险股份有限公司，发展最为迅速的是太平养老，占据养老保险公司原保险业务规模第二位。

与各个保险公司主动发力，相应成立寿险公司相伴随的是，保险类养老金融产品也在尝试创新，开始呈现多样化的特点。由向日葵保险网提供的商业养老保险专题页面，共列计 56 款养老保险产品，每一寿险公司都向公众提供数种保险计划，按保障的特色分成消费型、津贴型、报销型、红利返还、期满返钱、保单贷款、体检可优惠等 10 余种类型，保额 10 万 ~50 万元不等，甚至筛选标准细致到性别，并针对不同年龄段筛选出相应适合的保险产品。

虽然商业养老保险类型众多，但真正意义上的商业养老保险（指退休后能分期领取的养老年金保险）的保费收入在人身保险中占比并不高，2016 年保费收入为 1500 亿元，占比仅为 4.4%，有效保单件数 1348 万件，有效承保人次只有 1707 万，而国际上具有养老保险功能的人身保险的保费收入一般占比能达到 50%，所以我国商业养老保险发展仍然相对滞后（岳磊，2018）。

虽然近些年养老保险产品不断增加，但在保险机构的所有产品中，养老保险所占比例并不高，地位也并不突出。打开中国平安的网页可以看到热销产品包括“意外保险、高龄防癌、少儿教育金、交通意外，疾病险”，没有养老保险的身影。中国太平的网页中首页着重宣传的产品包括“机动车保险、健康险、重疾险、儿童重疾险、寿险”，也没有养老保险的身影。中国人寿官网上的热销推荐包括“旅游保险、意外保险、家庭保险、财产保险”，还是不见养老保险的身影。这表明，保险公司对养老保险类产品的重视度还比较低。

2.2.2.2 护理保险——可期的未来

长期护理保险是指对进入长期护理状态的被保险人提供护理服务或进行护理费用补偿的一种健康保险。美国率先在20世纪70年代最早提出。护理保险是一种新兴产品，引入我国仅有10多年时间，一些养老保险公司特别是地方政府对护理险有所开发和尝试。2005年1月国泰人寿保险有限责任公司推出康宁长期看护健康保险，这是我国商业保险市场上第一款以长期护理为主的商业性保险产品。太平洋人寿保险公司推出了“太平盛世附加老年护理保险”，信诚人寿推出了“挚爱一生”附加女性保障长期护理保险。现在在售的护理险还有中国人寿的“国寿信誉保险组合计划”和中国人保健康的“人保健康美满一生保障计划”（刘金霞，杨艳艳，2017）。

对于护理保险，国家已经不止一次地在文件中给以重视和强调。2013年9月，国务院提出“要积极开发商业性长期护理保险”；2015年10月，十八届五中全会明确提出“建立长期护理保险制度”的构想；2016年6月，人力资源和社会保障部在上海、重庆、山东青岛等15个市试点开展长期护理保险；2017年2月，《国务院关于印发“十三五”国家老龄事业发展和养老体系建设规划的通知》中明确提出，要鼓励保险公司开发商业性长期护理保险产品。目前，我国已有几个试点城市开展了“长期护理保险”业务。第一个实施长期护理保险制度的试点城市是青岛。青岛在2015年引入了商业长期护理保险，由中国人民健康保险股份有限公司、中国人寿保险集团公司等4家保险机构承保。其中，城镇职工的护理保险业务由中国人民健康保险股份有限公司承保，已覆盖青岛市243万名城镇职工。2016年7月，北京市海淀区开展了失能护理互助保险业务，由中国人民人寿保险股份有限公司承保。除此之外，上海市、南通市等总共15个城市也开展了长期护理保险业务的试点，受到市民的欢迎。截至2017年3月末，我国共有18

家保险公司开展长期护理保险业务，在售保险产品约为 69 款。在 18 家保险公司中，产品数量位列前三位的是和谐健康保险股份有限公司、昆仑健康保险股份有限公司和中国人民健康保险股份有限公司，分别占比 25%、22% 和 20%；由于健康险企是经营健康保险的专业公司，在进行长期护理保险产品的开发、销售与推广过程中具有较强的优势。所以，健康险企推出的长期护理保险产品数量最多。中国人寿保险集团公司有 4 款长期护理保险产品，安邦人寿保险股份有限公司有 3 款保险产品，泰康人寿保险股份有限公司、信诚人寿保险有限公司和富德生命人寿保险股份有限公司均有 2 款护理保险产品，而中国人民人寿保险股份有限公司、信泰人寿保险股份有限公司等 10 家保险公司在售长期护理保险产品均为 1 款。此种保险目前仍在试点中。

根据每个城市的政策，长期照护险目前在各个城市试点的情况有不同的实施措施。比如 2016 年被定为试点城市的南通市，实施"政府补助 + 个人适当缴费 + 医保统筹基金"的多元化动态筹资机制，政府补助作为重要资金来源。护理的三种方式支付标准以接受照护的地点区分：在医疗机构照护床位接受服务的，重度失能人员由长期护理保险基金按每人每天 50 元标准支付，中度失能人员按每人每天 10 元标准支付；在养老服务机构照护床位接受照护服务的，重度失能人员由长期护理保险基金按每人每天 40 元标准支付，中度失能人员按每人每天 10 元标准支付；符合享受待遇条件的居家人员，可根据自身条件和需要，还可享受到定点照护服务机构提供的上门照护服务，包括卫生清洁、饮食照料和排泄照料等服务。同时，向符合享受待遇条件的居家重度失能人员按照每人每天 15 元标准发放照护补助，中度失能人员按照每人每天 8 元标准发放。通过照护补贴的发放，弥补服务能力的不足。2017 年 12 月 30 日，上海市人民政府印发了《上海市长期护理保险试点办法》。长期护理保险保障的护理项目包括很多方面，吃饭、穿衣、洗澡、如厕帮助行动等都包括在内。上海的长期护理保险对提供护理服务的人员和机构有严格的规定，要求比较高，人员都是必须具有一些资格的，比如有职业资格的护士或者医生。

虽然已经有了10年的试点经验，但是长期护理保险目前还存在很多疑问，影响这一险种的广泛推广和真正服务民众的需求。如一位访谈对象所分析：

“由于处在试点期，很多城市是由财政补贴占主要比例进行支持。第一个，就算由政府补贴，失智失能老人的护理每天平均20元（重度失能人员每天50元或40元，中度失能人员每天10元），平均每月600元，是否真能满足失能老人的需求。第二个，如果真的走向商业模式，建立长期护理保险，时间拉得如此长，是否能够抵抗通胀的威胁呢。第三个，客户的个人情况差异很大，不同的护理标准应该如何去评估和制订，这是一个非常复杂的事情，长期来看，客户无法预期自己会需要什么服务，护理条件是否在‘长期后’真正符合当初的承诺。第四个，是否能够有足够的专业化的照护机构和专业人才与长期护理保险对接。这些都是不容乐观的。” （访谈对象H）

这些问题的存在对大范围推广长期护理保险造成一定的阻碍，而这些疑问如果不能得到较快的解决，则会为家庭带来一系列切实的困难，带来沉重的家庭经济负担，影响失能失智老人的生活质量，甚至也会因照顾父母而影响子女对自己工作的精力投入。

2.2.2.3 保险公司养老产品的特点

第一，传统养老险同质性强。虽然从保险类个人养老金融产品的市场供给来看，我国养老保险公司提供“五花八门”和“各具特色”的保险产品，市场上的产品看起来琳琅满目，但看似多样的产品的功能同质化，风险和收益虽然有些许的差别，但是基本上都非常类似，产品的更新不能很好契合养老产业发展的环境。目前个人养老金融保险类产品多数是传统养老险，包括分红型、万能型寿险和投资性质的保险。和讯网上搜索“养老险”，可搜索到目前市场上共有 50 种养老险，其中有护理险 2 款，老年意外险 1 种，老年重疾险 2 种，其余全部为传统的养老险。传统不同的养老保险会有不同的侧重点，有的着重保障功能、有的注重收益，在一定程度上可以满足养老人群以收益、投资或保障为目的的不同的需求。

“保险公司售卖的保险虽然每年都有新的噱头和宣传特点出现，其实反过来倒过去就那几种保险，现在有能力设计和开发保险产品的保险公司仅有几家大保险公司，国家政策出台之后或新保险产品设计出来之后，小保险公司一般会仿照其产品跟进，且保险公司的人员流动基本上是从大保险公司流入小保险公司中，保险行业中大批人员几乎出自于同一种培训模式，其中的人脉、产品模式、售卖模式、培训模式等会随着人员的流动快速学习和传播。”

（访谈对象 F）

第二，新兴产品开发不足。市场上新兴的产品类型相对偏少，护理险、重疾险以及“以房养老保险”，有的因为开发难度大即使大保险公司也不主推，有的受限于相关业务（比如房屋评估和护理专业）人员队伍稀缺或专业水平低，有的则因为传统习惯致使市场接受度小，这些问题造成了新产品无法得到市场的认可或无法真正落地实施。比如护理险的赔付通常是以支付一定的护理费补偿为保障责任，但是若要把“护理”二字落到实处还面临很多问题，护理险所涉及医疗硬件设施、护理房产社区、专业护理人员等现实因素，往往无法满足急需照护老人的多种需求。现实中存在因未获得照护或无法获得照护而不需要护理险和即使参保也无从获得真实保质的护理的情况，这些矛盾成为开发护理险的障碍。再如“以房养老”产品，自推出以来市场参与性并不高。传统的“养儿防老”和“房屋继承”的亲密家庭关系，和房产价格的确定等问题，使这种创新产品不受市场欢迎。如果保险公司从事此项业务，盈利期太长，业务办理复杂，涉及复杂抵押债务关系，房地产市场的政策导向和市场走向，各种不确定因素在一定程度上影响保险公司进行以房养老产品创新的积极性。

从开发养老新产品的动力上来看，虽然国家大力号召金融机构要积极进行养老产品和服务的创新，但保险行业目前主要只有几个大的保险公司承担产品的设计工作，小型保险公司并不具备实力和动力主动进行产品创新，而新产品一旦推出，产品方案会通过各种渠道被小的保险公司学习和使用。

“商业养老保险设计是在国家设计的制度下，盈利是产品设计的原则。当然保险公司也会相应国家的号召，现在有关的‘递延税’政策正在试点，但是这些新的政策没有成型的模型，操作起来难度较大。特别是小型的保险公并没有这样的动力。”

（访谈对象 G）

第三，保险产品供给和需求不匹配。这种不匹配一方面表现为供给侧以追求利润最大化为主要（甚至唯一）目标，缺乏针对客户需求诉求进行研发和产品推广的动力。针对这种现象，访谈对象 F 道出了部分原因。

“养老类的保险在保险公司内部并不是特别受欢迎的产品。保险公司推产品的时候并不是‘以客户的需求’为目标，而是以‘股东的需求’为目标，保险公式只卖保单核心价值比较高的产品，而保险业务员的售卖就更加直接，他们更喜欢售卖提成高的产品。”

（访谈对象 F）

保险公司要赚钱，业务员也要赚钱，所以在新入职员工的培训中，保险公司也更重视“快销产品”的培训，这些都对保险产品的销售起到了明显的导向作用。因此，从保险公司本身的角度看保险的售卖，其一贯的销售模式和盈利能力决定了哪一种保险险种成为保险公司和保险售卖业务员的主推险种。这种现象揭示了从产品提供和销售的角度来看，保险公司及其业务人员在推广养老产品时的现实选择，因此也反映出养老保险产品虽被社会需要，但从效益的角度来看，并不受保险公司的重视。

另一方面，如果从消费者的角度看保险产品的销售，则其受欢迎的程度跟消费者对产品的认知和支付能力有很大的关系。正如访谈对象F所指出的，在传统的习惯和认知方面：

"绝大多数人对于'重大疾病'的保险是认可的，但是并不是特别了解，年纪较大的消费者大家意识上会觉得'我有社保'，特别是在农村有农村合作医疗，这部分国家补贴很大，在农村生病花费报销比例比较高。所以即便是很受消费者认可的'重疾险'在保险公司的推广中也不是非常乐观。" （访谈对象F）

访谈对象G也表达了同样的看法：

"很多购买保险的顾客，他们对保险的具体条款也是不懂的，保险可能卖的不是一个'需求'，更多的是'人情单'，反正在哪里买也都是买，产品区别不会很大，业务员说哪个产品还不错，就决定了消费者的购买方向。" （访谈对象G）

另外，一些养老保险产品养老保障高，但见效慢，普通投资者由于看不到其长远的利益也弄不懂它的好处，所以并不愿意购买。

"养老保险保险公司也确实推出过，曾经公司推出过一个养老保险产品，整个保险公司这么多业务员一年一共卖出不到10份。原因是：第一，这种养老型产品你短期是看不到收益的，而现在的银行利率和保险公司承诺你的保单利率是跑不过通货膨胀的，老百姓不认可；第二，业务员售卖这种产品确实不赚钱，养老产品的净值太高了，消费者交1万元保险公司顶多扣1000元，而谈一个重疾，交1万元可以扣出6000元左右。这种养老型产品通过个人寿险销售渠道走的有，但是很少，产品设计的品质很高，分析产品的卖点和利益都没问题，但是市场不接受，缴费期限太长，很难推广。这种保险在保险公司中也有，被称作'睡眠险种'，真正懂保险的人如果想购买这种保险，公司也有，但是不主推。" （访谈对象G）

在支付能力方面，年轻人由于生活压力大，有限的收入主要用于日常生活所需，因此少有考虑养老保险的购买，访谈对象 F 在其多年的工作经验中发现：

“比较年轻的 80、90 后消费者的生存压力很大，还房贷还车贷养孩子，基本没有钱去考虑保险问题。供应端和需求端很难对接。在‘重疾’保险销售的时候，年保费 3 万 ~5 万元的购买者，其家庭年收入一般会在 30 万 ~50 万元。” （访谈对象 F）

结合供给与需求两端的选择，我们发现保险公司追求的效益优先和利润最大化，哪一种保险产品提成较高，给保险公司带来的利润越大，就会成为保险公司的主推产品；而位于需求端的消费者由于对保险的功能和好处并不十分了解，从而忽视保险对养老的保障作用，不选择购买商业养老保险，或者购买“人情单”而非个人养老真正需要的保险产品，造成资产配置的不合理；此外，消费者在支付能力方面的力不从心也是造成供给与需求难以对接的部分原因。

第四，支持性政策尚未落地。由于养老保险涉及国民的养老稳定、关乎金融风险和安全，所以国家出台的政策法规大多对养老保险有限制性。例如，为了约束保险公司以养老地产的名义销售商品房，中国银保监会要求保险公司不得参与土地开发。而有针对性地支持养老服务金融产品创新的政策规制多为“支持的态度”，少有落实到地的具体指导。

2.2.3 其他养老产品

2.2.3.1 投资基金养老产品

2018 年 3 月 2 日，证监会正式发布实施了《养老目标证券投资基金指引（试行）》，标志着公募基金产品正式加入个人养老资金投资市场的竞争中。财政部等五部委发布《关于开展个人税收递延型商业养老保险试点的通知》，标志着我国多层次养老保险体系建设的开端。公募基金将从 2019 年 5 月起对接个人商业养老投资账户。实际上，自养老目标基金相关指引发布以来，基金公司的准备工作就已经开始。根据证监会网站披露的信息，目前已上报41只养老目标基金，来自21家基金公司，汇添富基金上报了4只，国泰基金、华夏基金、南方基金、易方达基金等分别上报了3只（侯明，熊庆丽，2017）。

从现在已有的数据来看，我国现有基金共有7654只。如果在基金搜索中键入“养老”，出现的一共是40只基金。其中有22只基金在名称上带有“养老”二字（多为“混合”基金，如图2－1所示），2只为定期支付债，其余均为“混合”基金。名称上带“养老”二字并不意味着是由养老为目标的基金操作，一些是投资于“养老产业”的基金，如001171工银养老产业股票；一些则为投资于“养老指数”的基金，如000968广发养老指数A，这些均为股票型基金，风险与收益较高。可以看出真正的“养老基金”在现如今庞大的基金投资市场中只有零星几只。据专门对金融进行分析的Wind数据显示，截至2018年11月5日，仅有8只养老目标基金正式上市发行。

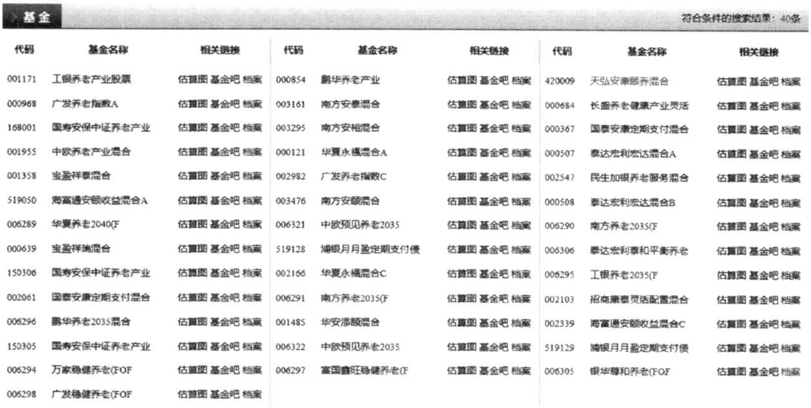
基金　　符合条件的搜索结果：40条

代码	基金名称	相关链接	代码	基金名称	相关链接	代码	基金名称	相关链接
001171	工银养老产业股票	估算图 基金吧 档案	000854	鹏华养老产业	估算图 基金吧 档案	420009	天弘安康颐养混合	估算图 基金吧 档案
000968	广发养老指数A	估算图 基金吧 档案	003161	南方安泰混合	估算图 基金吧 档案	000684	长盛养老健康产业灵活	估算图 基金吧 档案
168001	国寿安保中证养老产业	估算图 基金吧 档案	003295	南方安裕混合	估算图 基金吧 档案	000367	国泰安康定期支付混合	估算图 基金吧 档案
001955	中欧养老产业混合	估算图 基金吧 档案	000121	华夏永福混合A	估算图 基金吧 档案	000507	泰达宏利宏达混合A	估算图 基金吧 档案
001358	宝盈祥泰混合	估算图 基金吧 档案	002982	广发养老指数C	估算图 基金吧 档案	002547	民生加银养老服务混合	估算图 基金吧 档案
519050	海富通安颐收益混合A	估算图 基金吧 档案	003476	南方安颐混合	估算图 基金吧 档案	000508	泰达宏利宏达混合B	估算图 基金吧 档案
006289	华夏养老2040(F	估算图 基金吧 档案	006321	中欧预见养老2035	估算图 基金吧 档案	006290	南方养老2035(F	估算图 基金吧 档案
000639	宝盈祥瑞混合	估算图 基金吧 档案	519128	浦银月月盈定期支付债	估算图 基金吧 档案	006306	泰达宏利泰和平衡养老	估算图 基金吧 档案
150306	国寿安保中证养老产业	估算图 基金吧 档案	002166	华夏永福混合C	估算图 基金吧 档案	006295	工银养老2035(F	估算图 基金吧 档案
002061	国泰安康定期支付混合	估算图 基金吧 档案	006291	南方养老2035(F	估算图 基金吧 档案	002103	招商康泰灵活配置混合	估算图 基金吧 档案
006296	鹏华养老2035混合	估算图 基金吧 档案	001485	华安添颐混合	估算图 基金吧 档案	002339	海富通安颐收益混合C	估算图 基金吧 档案
150305	国寿安保中证养老产业	估算图 基金吧 档案	006322	中欧预见养老2035	估算图 基金吧 档案	519129	浦银月月盈定期支付债	估算图 基金吧 档案
006294	万家稳健养老(FOF	估算图 基金吧 档案	006297	富国鑫旺稳健养老(F	估算图 基金吧 档案	006305	银华尊和养老(FOF	估算图 基金吧 档案
006298	广发稳健养老(FOF	估算图 基金吧 档案						

图2－1　我国资本市场上的养老基金搜索结果

对于养老目标基金主要有两种策略可供选择，目标日期策略或目标风险策略。目标日期策略即算好自己什么时候计划退休，选择与自己退休年龄相近的目标日期基金。如果自己有明确的投资目标，清晰明了自己的风险承受能力，则可以选择目标风险基金。养老目的的基金一般风险等级属于稳健等级，意味着风险较低，投资标的物一般是纯债（纯债基金的久期、期限机构、类属品种）、股票多空（具备对冲策略的混合型基金及股指期货等可以对冲的衍生工具）、股债稳健（混合型剔除固守增强类基金与权益持仓高的基金，在股票在债券之间灵活配置）、另类投资（房地产信托投资、稳健类 QDII 基金、稳健类互认基金）和固收增强（关注过去四个季度每季股票市值占基金资产较低的混合型基金）五大类。

与保险公司的商业养老保险相比，养老投资基金的优势在于养老目标基金其信息透明度相对较高。公募基金公司对于每一只产品运作情况都要定期披露，投资者可以看到某一只基金的投资标的、每个标的的具体比重占比、在季度内是亏损还是盈利、具体是多少等。另外，基金是一种标准化投资产品，具有门槛低、种类多、小额账户管理经验丰富、运作规范、操作灵活方便等优势，可以充分满足个人养老金投资者的不同需求。但是购买基金的人群如果是以养老为目的，第一需要一定的投资知识基础；第二养老目的的基金现在数量较少，选择余地较小；第三养老目标基金名称中虽然包含“养老”字样，但是并没有收益保障或任何形式的收益承诺，不保本，投资者需要有一定的风险承受能力。

养老目标基金产品的不利之处在于，它是一种较为专业的投资品种，只有对于证券市场、资本市场有一定了解的人群才能了解产品的存在，才能敢于去进行投资，非专业人士则很难操作。另外，这种投资方式并没有保本承诺，所以这令投资者望而却步。现在 60 岁以上的投资者基本是 50 后成员，他们的养老金收入固定，且普遍来讲他们对于投资基金这种投资方式并不十分了解，因此选择此类投资需要依靠专业人士的帮助。而对于 70 后人群，如果投资于投资基金这样的金融产品，回报率又显略低，作为收入比较丰厚的中年人他们更愿意投资于回报率更高的产品，因此，推广养老目的的投资基金产品在客户群定位时需要做好研究，还需要在提供专业化服务方面进行必要的思考。

2. 2. 3. 2　信托基金、财产和遗嘱、医疗服务

信托的本源是“受人之托、接之信任、代人理财”，可以全面协调和监督投资管理、资产保管、事务管理、客户服务等功能，贯穿多个金融市场。信托基金的这种天然属性优势，可以满足实体经济多样化、个性化、层次化的深度需求。自 2001 年《中华人民共和国信托法》的出台至今，信托业务在我国不过 10 多年的发展历史，但是资产规模现已稳居资管行业规模第二位，仅次于银行业所管理的资产规模。截至 2017 年 9 月，全国信托公司净资产达 4995. 89 亿元。因其历史上和国外的良好的发展经验，很多学者认为信托行业在养老金融体系中完全有条件、有能力参与构建全生命周期养老金融综合服务体系（夏玉梅，李长明，吴昊，2017）。

养老信托是委托人（有养老需求的客户）基于对受托人的信任，将其财产管理权委托给受托人（信托机构），由受托人按委托人意愿以自己的名义，为受益人（可以是委托人自己也可以是其他人）的养老目的而对委托人的财富进行管理或者处置的行为，或为受益人提供全面养老服务的行为，或将财产或财产权用于养老产业的开发和建设的行为或安排（彭晓娟，2017）。换言之，若是从养老的需求端看，养老信托涉及养老资产的管理与养老消费服务，分为养老金融信托、养老消费信托等；如果从养老产业供给端看，包括提供养老医疗服务、建设养老社区建设或养老基础设施等，可分为养老地产信托、养老基础设施信托等（岳磊，2018）。养老信托是信托业与养老的有机结合，他的“信托财产独立”“信托收益确定”与“持续以及保障信托财产”的三大金融特征，恰

好与养老理财的“未来性”“保障性”以及“持续性”等特点契合。因此，相对其他金融机构的产品，信托制度可以覆盖个人从工作到退休的全过程，实现对养老资金的终生金融服务，而银行无法匹配如此长期的资金，证券、保险也难以满足个人贯穿终生的资产配置（胡继晔，2017）。

信托与养老相结合是最近几年开始的尝试，至今已有数家养老型信托产品获批发行，2013 年有两支相关产品发行：昆仑信托和海富通基金管理公司联合发行的国内首支企业年金养老金产品“海富通昆仑信托型养老金产品”和安信信托（600816. SH）的关爱系列“阳光二号·颐养”集合资金信托计划。其募集资金主要投向政策扶持与倡导的产业，优先投资于养老产业和社会民生工程。信托的投资标的基本包括我国现有货币市场、资本市场上几乎所有的投资品种，这种产品的广泛性恰好可以弥补商业银行养老产品、基本养老保险和商业养老保险等传统养老保障的不足。除信托公司以外，银行机构也面向高端个人客户推出个人养老信托产品，帮助其在退休后增加养老资金来源（彭晓娟，2017）。

第一种信托投资是帮助适龄客户退休前以资金方式交付信托，银行业在指定的范围内实现信托资金的保值增值，依照约定支付信托收益。生命周期基金和养老信托产品生命周期基金是依照基金目标持有人的实际年龄对投资组合进行持续调整的长期证券投资基金。基金管理人随着投资人实际年龄的不断增长，会根据投资人的风险偏好及承受能力调整投资产品组合，调整投资风险。生命周期基金诞生于 1993 年的美国，并很快被应用于美国养老金投资之中，成为美国养老金投资的主要形式。另外，由于养老信托具备特殊的财产保护以及破产隔离功能，它也成为富人阶层养老资产保值增值的重要途径。在美国“401（K）雇员养老金计划”中，运用信托机制进行管理的比例达到 42%。相较于其他财产管理方式，信托机制充分保障了受益人的权益（胡继晔，2017）。

第二种是财产和遗嘱信托。财产的信托可以一直持续到委托人身故，其需求得以持续增加的保障，实现财富的传承。近年来推出的遗嘱信托业务是指由老人生前设立遗嘱并约定由受托人执行遗嘱，有利于实现老人的生前愿望。比如房主可将房产向银行做抵押，除了银行业每月给房主一定养老金之外，房主还可以与银行做出约定，或者由房主全部领取该房产评估出的金额，或者约定在房主去世后该房产的剩余价值由指定的子女继承。

第三种是医疗服务信托。为了促进养老护理以及医疗康复等养老服务的供给，以直接投资或者进行二次委托的方式对有关养老产业资源进行联系、控制和整合等处理。

信托型养老金融产品的优势很明显。与普通养老类产品相比它有两大好处。第一，养老信托不仅可以通过资金的收益实现养老保障，还可以对于养老财产进行身前身后的自由选择或灵活处理，由此获得资金保障之外的消费产品、服务等，这对于老年人来说满足了其不同阶段的多样化的需求。第二，银行理财和养老保险的收益则始终都是老年人的债务追索对象，而信托财产具有的破产隔离功能，能够在一定情况下保障养老资产免于债权追索，具有更好的安全性和保障性。然而信托型产品也有其相对的弱点，养老信托投资的资产收益高于银行养老理财投资，但是同时投资门槛要求也高，在普及性上差于银行养老理财。例如，外贸信托和兴业银行私人银行合作推出的“安愉人生”养老金融信托，投资门槛为600万元以上，由此可以看出，养老信托的委托人属于资产高净值人群，其投资起点高，需求也相对较高。

从需求端看，由于涉及养老资产管理的养老信托门槛较高，适合高净值人群。这种限制使信托产品面对的人群变得狭小。相对于其他类似产品，虽然近年来政策面上对养老信托产品的投资门槛进行了下调，如2016年，保监会下发《关于进一步加强养老保障管理业务监管有关问题的通知》，明确了养老保障管理产品开放式投资组合受托管理的个人委托人资金初始门槛金额为1000元人民币，而证监会下发的《养老目标证券投资基金指引（试行）》中也并未对个人投资者投资养老投资基金的初始资金金额做出限制，但是由于养老金信托尚未制订明确的政策法规，故而对于养老金信托的个人委托人，信托公司只能按照监管部门发布的《信托公司集合资金信托计划管理办法》中对个人合格投资者的规定，即个人投资信托产品的门槛金额不少于100万元人民币。养老金融的本质为普惠金融，目前信托计划较高的个人准入门槛，使养老金信托成为少数高净值人群才能选择的养老金融工具，纵使这种财产管理方式有再多的优势，但是由于未能覆盖广大的普通群众，也无法最大化有效发挥其社会价值（胡继晔，2017）。

如果从涉及养老服务消费方面来看，养老信托的门槛则相对较低，适合中低收入人群投资。例如，由中信信托推出的中信和信居家养老消费信托，其客户只需预存约1.1万元、2.1万元、3.1万元可享有一年期、不同折扣的居家养老、健康数据管理以及紧急救援等服务。养老消费信托重点在于养老消费权益及资金安全的保障，养老消费的范围较广，对专业性要求也较高，如需要对接不同的医疗服务等资源来满足养老的需求。因此，养老消费信托未来发展需要信托公司与相关专业机构加强紧密合作，不断扩大产品内涵（和晋予，2014）。

2.2.3.3 资产管理和住房反向抵押

以房养老的方式开始于荷兰，大规模应用于美国。20世纪80年代，美国老人中出现了大量的拥有房产却缺乏现金的“现金穷人、住房富人”，“以房养老”应运而生。与社会养老、家庭养老不同，以房养老属于独立型的自我养老，它通过抵押现有的家庭财产的产权，为自己获得体面的养老资金支持。拥有房产的低收入老年人增加了用闲置的房产财富换取现金经济来源，将房产的剩余价值用于老年阶段的消费，通过这种金融创新，实现了整块财产的碎片化价值转换，能够保障老年时的消费水平不降低，生活质量不下降。“以房养老”主要有两种不同的形式，一种是银行等机构推出的“住房反向抵押贷款”，一种是保险公司推出的“住房反向抵押养老保险”。

在 2005 年，南京山刘元老年公寓首次推出“以房养老”产品。2011 年，中信银行开展了国家第一批“以房养老”试点工作，推出“幸福年华”借记卡，这是一种针对中老年人的专属借记卡，这张卡片集合了很多养老综合服务功能，养老按揭是其中最具特色的一项业务。中信银行的“住房方向抵押贷款”业务在风险控制的相关规定方面要求比较高，所以准入门槛也高。在用于贷款抵押的房产方面要求反向抵押的申请人必须拥有两套以上的房产，且抵押的这套住房不得为 20 年前建造的房子。对于贷款期限的要求为贷款期最长为 10 年，若到期不能归还银行资金，银行有权将贷款人的房产进行处置。但在 2012 年 4 月中信银行个贷部副总刘浩在被采访中表示：中信银行并未真正发生“以房养老”的贷款业务，一切都在洽谈之中。

2013 年 9 月 13 日国务院印发的《加快发展养老服务业的若干意见》提出“开展老年人住房反向抵押养老保险试点”。2014 年 7 月，我国“以房养老”保险开始在北京、上海、广州、武汉四城市试点；2015 年 3 月，幸福人寿保险公司推出“以房养老”保险。截至 2018 年 11 月，全国共有 117 户家庭 172 人签约投保这一产品，投保人平均年龄 71 岁，多为失独、孤寡、空巢和低收入老人，而幸福人寿是目前唯一已经完成承保住房反向抵押养老保险的金融机构。

理论上来讲，资产管理和住房反向抵押贷款的实施在我国是有一定的实施基础。目前，在我国老年人的财富结构中，财产形式多元化特征非常明显，老年人在晚年时期会拥有一定价值的资产，诸如存款、房屋、收藏、证券、黄金、知识产权、各种收益权等。从房产价值的运用上，现如今贷款买房已经渐渐取代了储蓄购房，这种做法是将后半生的资产提前到前半生消费，而已经还清贷款的房子，在其后半生的资产利用率中几乎为零，随着计划生育政策的影响，子女数量减少，家庭421结构的增加，虽然受传统观念影响大部分中国家庭选择将房产作为遗产留给后代继承，但是子女在无暇或无能力照顾老人的时候，老年人可以考虑将房产的价值换取高品质的老年生活。从财务视角出发，房产作为家庭最主要的资产存量，可以为收入单一的老年人的生活水平做出极大的贡献，把固定资产变成流动资产，获得更多的现金带给老年高品质的生活水平。

考虑到当下60岁以上的老年人经历的年代背景，他们的理财知识并不丰富，在资产处理方面非常保守，一些老年人并不具备通过科学理财方式来安排晚年生活能力。为更好地帮助老年人将房产等不动产转换为可以满足其高品质养老需求的灵活资产，目前国内商业保险公司、银行等金融机构可以考虑利用自身的信誉动员客户、专业理财能力和服务得到客户的认可，为老年人提供“以房养老”“倒按揭”以及“房屋置换”等模式的资产管理专业理财服务。

“以房养老”从设计理念上具有合理性和可行性，但在我国的实践却并不算成功，在推行过程中遇到了各种各样的问题。2003年，“以房养老”的理念被引进中国，2006年在全国几个大城市进行试点，经过本土化的演变各地纷纷推出了不同的以房养老模式。比如南京实施“换房养老”模式：60岁老年人将房屋经过公证后抵押给养老公寓，用自己的房产来更换终身免费居住养老公寓的权利。但是运作起来很有难度，养老公寓作为私营机构，很难拥有维持住房反向抵押的庞大的资金链，信誉问题也令人担忧，先抵押房产后居住的方式需要养老公寓提供长期信誉；上海实施的是“售后返租”模式：服务由政府的住房公积金机构提供，年满62岁的老人将房产产权进行交割后，住房公积金机构将房屋反租给老人。

这样老人可以用房产抵押得来一大笔现金，盘活大资产用来做养老的持续性的小额消费。上海模式虽然由政府公信平台提供，但是事前交割产权的做法有损老年人利益。幸福人寿推出的北京模式是由保险公司提供的住房反向抵押养老保险年金产品，老年人将住房抵押给保险公司以后，保险公司根据房屋评估的价值按月支付老人养老金，北京模式对于住房不紧张的老年人来说是一种很好的方式，但是反过来保险公司则要面对房价波动，承担房产风险。

总结起来，以“住房反向抵押”为主要内容的资产管理方式在我国推行缓慢和不畅的原因主要有两点，一是这与我国千百年来父业子承的传统观念相悖，很多老人和子女在思想上和情感上都无法接受这种方式，老人也不愿因此与子女产生情感上的裂隙；二是受制于金融机构提供的“以房养老”方案本身还有不完善的地方，门槛过高挡住了很多老年人采用这一方式养老，再有风险承担的不确定性，也使金融机构和想“以房养老”的老人都心存顾虑；三是与“以房养老”相配套的社会养老服务达不到养老期许，老年人现有的养老需求并不能通过房产置换资金的方式得到满足，养老服务的落后也使更高的养老需求无法得到激发，从而降低了老年人对以房养老的需求强度。以上几个主要原因的存在造成了我国“以房养老”模式落地困难。

2.2.3.4　综合混合业务

综合混合业务可以分为两类：金融混合业务和金融增值混合业务。

金融混合业务是指针对对于金融产品并不熟悉的老年人积极开发组合型养老金融产品。例如，把来自不同种类金融机构的产品，包括储蓄、证券、保险、基金等产品打包运作，提供全面的金融服务。再如，依托房地产，运用保险、信托、基金等运作方式，把资本和服务结合起来，通过不断推出期限不同、偏好不同、风险收益不同的养老产品组合，为老年人提供全面金融服务和老龄服务等。

但限于我国对金融行业分业经营的监管要求，目前能够开展金融综合业务还只能采取变通的方式，例如银行、保险等机构多是采用与其他金融行业之间结成战略联盟的形式，通过代理销售和业务托管等模式开展其他类型的金融服务，如银行代销保险，代销基金和基金托管等。除此之外，金融企业还通过创建投资银行部，或者是成立金融控股公司等方式开展综合金融服务。

特色增值类养老金融产品是指金融机构与其他社会机构合作，将其金融服务连接其他社会养老服务内容以满足老年人的综合养老需求。国内少数金融机构在这方面已经开始了探索。例如北京农商银行在北京市推出了将银医通、交通卡、各类缴费卡等功能进行整合成“养老一卡通”，为老人领取养老金、紧急救助、挂号就医、交通出行、日常缴费等提供便捷服务。建设银行通过整合养老资源，打造了安心养老平台，实现养老信息的共享，积极探索“互联网” + “金融” + “养老”的新型服务模式，借助第三方服务机构，为老年人提供从养老服务到专属金融的解决方案，打造线上养老院，并在天津滨海新区率先推出“居家养老”服务。另一个典型的例子是泰康保险在2009年获得中国保监会批准的投资养老社区试点资格，推出了“泰康之家”项目，采用“活力养老、高端医疗、卓越理财、终极关怀”四位一体的商业模式，为高端客户群提供高品质的养老综合服务。兴业银行也在2012年底推出了国内首个老年客户群专属综合金融服务方案——“安愉人生”，也是集“产品定制、健康管理、法律顾问、财产保障”服务为一体综合养老服务，依托在全国各地的分支机构设立了“安愉人生”俱乐部，主要成员为老年客户，目前会员人数已经突破了25万人。总体来看，综合混合服务符合老年人的养老需求，受到老年人的欢迎，但这些综合混合服务目前主要服务的是高端客户群，进入门槛动辄几百万，对于中低收入群体来讲只能是望而却步。

2.3　我国金融机构服务养老的不足之处与原因分析

通过调研我们发现目前在我国养老服务金融领域存在着如下主要问题，连同问题背后的原因作以下梳理。

2.3.1　短期产品为主，缺乏长期融资与投资的理念

目前以银行为主体的金融行业推出的多为短期养老产品，而无论是从社会养老体系健康发展还是从投资收益和受益长度来看，长期稳定的养老投资回报都是关键，这就要求金融机构应注重长期性融资，重点发展期限长、固定收益类为主的产品。正如在 1.7.6 中所阐述的，目前金融机构自身尚未树立起长期融资和长期投资的理念，过于注重短期利益，并因此偏重见效快的短期产品的开发和销售，而适合长期投资的产品在基金和信托机构中虽有涉及，但由于它们在居民的养老储备方面所占比重较低，因此难以从整体上改变金融机构重视短期投资的事实。这一问题的主要原因还在于金融机构由于偏重短期收益最大化的利润目标，从高层到低层都面临着短期的业务压力和考核目标，造成养老保障性强但金融机构盈利低的养老类金融服务产品不受金融机构（特别是销售人员）的青睐，因此不会积极推广和销售。另外，就单纯的银行理财产品来说，由于易受到通货膨胀率、经济发展状况、利率水平和市场风险等影响，投资期限太长的理财产品其投资收益率很难把控，因此银行推出的也多是短期产品。访谈对象 G 对此问题表达了自己的看法：

“现在的年轻人为什么都不存钱了呢，第一，你看看 10 年前的 100 块钱是什么水平，现在的 100 块的购买力又是什么水平。通货膨胀很严重，把钱存在银行里面就是贬值。第二，为什么不去参

加所谓的‘养老投资’呢，投资养老的金融产品按照道理来说都是长期的投资，长期我们能看到的就是不可预期地贬值，但是我们没有成熟的历史产品，看不到预期地收益。” （访谈对象G）

在追求短期利益和通胀预期的影响下，银行目前的养老产品多为短期产品，无法跟普通的理财产品区分开来，这就使眼下养老金融产品多趋于同质化，定制化水平不高。

2.3.2 缺少对民众全生命周期养老理念的主动引导和产品开发

民众的养老投资行为会收到传统观念的影响，我国是一个传统文化深厚的国家，家庭文化有相当高的影响力。传统文化重财富积累和家业传承，反对子吃卯粮和家业拆分；重父慈子孝、家庭和睦，反对自私自利、不睦亲朋；重靠劳动致富，轻视资本投资和承担风险。这些传统观念会在一定程度上对养老服务金融发展产生影响，例如，我国历来是一个储蓄大国，目前我国储蓄总量庞大，但这其中创新的养老金融产品和服务数量很少，《中国居民退休准备指数调研报告2013》显示，我国居民退休收入来源渠道单一且十分传统，银行储蓄是应用最为广泛的理财工具。通过自身储蓄或者家庭养老的方式是中国人养老的重要观念，在这一观念的影响下，人们宁愿将金融资产存入银行接受相对较低的利率，也不愿承受长期投资和不确定收益可能带来的风险。同样地，受传统观念影响，父母去世后会把自己的房产作为遗产留给孩子，这也是我国多年形成的传统，因此，住房反向抵押业务在中国的发展非常缓慢，社会的反对呼声也很高（高爱芳，李芸，陶然，2018）。

现有的养老服务金融产品和服务迎合了部分民众看重短期收益，惧怕风险的不成熟的理财观念，未能通过科学的产品设计和积极的宣传推广，引导民众进行更为积极主动的长期养老投资。还没有通过科学的养老产品和服务体系建设让民众的资产活起来，通过合理配置变成可以应对不同生命周期阶段需求的“资本”，而不仅仅是“财产”。另外，金融机构更多是对老年人开展养老产品的宣传和推广，对年轻人的养老投资理念引导还比较欠缺，并未从全生命周期的角度出发重点开发年轻人的养老服务金融市场，使整个养老金融市场的发展不够完整和科学。

2.3.3　金融机构内部的养老服务业务组织架构不清晰

由于人口结构的变化，我国的金融机构即将第一次迎来庞大的“老年”顾客群体；由于体制改革和市场经济的深化，我国的金融机构即将第一次迎来庞大的“未备先老”的顾客群体。面对这种结构性的变化，虽然当下以“养老”为目的的业务在整个金融机构的金融服务产品中所占的比例很低，但是其未来的市场规模和发展潜力都是巨大的。但通过我们研究发现，金融机构还没有为此做好充分的准备，或者还没有充分的战略规划。多数商业金融机构，包括保险机构和银行等尚未建立完善的养老金融组织架构，仅仅将其作为服务对公客户、个人客户的一种方式，并没有专门为其设立独立的业务板块，更不是公司中受重视的一个版块。这些机构往往将养老金融业务挂靠在公司机构业务或个人客户业务之下，无序零散的业务发展模式决定了业务的单独存在属性，很难满足和契合养老金融涉及领域广泛的特点，这种现状也制约养老金融体系化发展。

2.3.4　未能结合广大民众的养老需求，普惠性不强

普惠性是养老服务金融产品应具有的基本特征，强调养老服务金融应该服务于全体国民，不仅重点服务中高收入群体，还应兼顾低收入群体；不只针对老年群体，更应顾及年轻群体。所谓产品的普惠性还要求金融机构部门在推出每一款养老金融创新产品的时候不能盲目照搬国外产品或经验，必须要从中国的特殊国情、环境、文化、消费环境、家庭伦理等多方面因素出发，提高金融产品创新

的针对性，使金融产品适合现阶段国内民众的消费能力和倾向，激发出民众的消费欲望（莫开伟，2016）。

就养老金融产品而言，第一，目前的产品未能符合最大多数民众养老消费承受能力和尊重国民的养老消费习惯。某些养老金融产品往往只适合少数高收入阶层，如信托产品和嫁接保险产品的养老地产，而针对中低收入群体的养老金融产品很少，广大中低收入群体的养老服务金融需求无法得到很好的满足。还有受到很多人排斥的“舶来品”——“以房养老”产品，也因其与我国传统观念相悖，参与的条件又比较高，不具有普适性，而受到冷落。第二，养老服务金融产品的普惠性还表现在社会养老资源匮乏而且结构不合理，未能针对以社区养老和家庭养老为主模式的现实需求，开发适合千家万户的养老金融产品。我国已进入“未富先老”的老龄化社会，社会现实中养老资源严重短缺且不平衡，不平衡主要体现在城乡养老分割的社会养老模式导致城乡养老资源严重不平衡，短缺和不平衡加剧了整个社会的养老压力。现在在养老金融服务方面开展的比较好的金融机构多是以服务城市人口群体为主的，而广大面向农村服务的农村信用社等金融机构尚缺乏有针对性的养老产品。另外，金融机构推出的养老产品在结合社区养老、家庭养老方面还缺少有效的连接，未能充分地通过金融把养老的各项服务整合起来，方便老年人的养老生活。第三，现有的养老服务金融产品更多地面向中老年群体进行宣传和销售，而对年轻群体则较为忽略，未能从全生命周期的角度进行产品体系设计和宣传推广，也使年轻人在养老准备上着手过晚，不利于长期投资理念的形成和长期投资市场的良性发展。

2.3.5 金融业务条款复杂难以理解，专业人才缺乏

个人投资者投资意识缺乏、投资专业知识欠缺是影响养老金融产品推广的主要限制因素之一。金融机构应该加强的工作包括以简

单、透明的方式为个人投资者提供资产配置意见，帮助养老投资者做出合理科学的统筹安排。目前金融机构在推广和销售养老产品时未能提供高附加值的专业建议，往往是采用以打感情牌为基础的兜售，这种服务很难提升金融机构的养老服务金融整体业务的水准，不利于培养客户的养老理念和客户忠诚，难以形成长期的优质客户群体。访谈数据反映了这一问题。

“保险公司方面走单其实基本上还都是人情单，我问你你买过保险吧，你了解你的保险吗，你看过那么老长的保险条文嘛？一般都是基于信任，比如亲戚、朋友、同学过来推销保险，正好你又觉得有点这方面的需要，算了我就买个大病险吧，我就买个防癌险吧，我就买个孩子的保险吧，现在让你说说你买的什么，保的什么你能说得清楚嘛。”　（访谈对象 G）

“银行的理财产品也是走亲情攻略，我们的业务员会跟一些年纪大的叔叔阿姨保持良好的联系。其实如果是比较懂得客户，你认真介绍你的产品，客户一听是符合自己的需要的，基本就可以成交了。但是年纪稍长的一些客户，这些复杂的条款是不会了解得很详细的，所以这类业务不得不说看谁能更具有亲和力。”　（访谈对象 A）

养老服务金融专业人才的严重缺乏是造成这一现象的一个主要原因。目前金融机构不仅在发展养老服务金融的融资上缺乏人才，更匮乏做好养老服务金融这种“长钱”的投资人才，使养老服务金融的潜力无法实现，应对长寿风险也就成了纸上谈兵（党俊武，2018）。

2.3.6　与养老产业的结合少

我国养老金融业务并不是孤立存在的，归根结底，“养老”是在金融支持下的一种重要生活体验。当下的养老金融业务很少针对养老产业提供定制式产品服务。在这方面保险机构在投资养老产业方面走在了前面，已经涉足养老社区、老年养生等产业，如泰康人寿投资兴建的全国首家由保险资金投资的养老社区，养老社区中包括养老保险、医疗保险、护理保险等产品的延伸，实现了产业与金融业务协同发展效应。但是从总体来看，金融服务嫁接养老产业还远远不够，这导致养老金融业务独立于前后的支撑和服务，无法形成完整的产业链条，使养老服务金融业务的发展受到相关产业发展得影响，发展较为局限，业务交叉销售效果较弱，制约业务发展效率。如访谈对象 G 所说：

“我们保险公司的产品现在已经开始与养老产业相结合了，你购买我的保险，你就有优先权入住我们的康养园，那都是旅游度假胜地。但是养老护理这个事就比较麻烦，这需要一大串产业的支撑，现在我们没有这个能力支撑整个养老护理，这牵扯到医生啊护士啊，地方啊床位啊等很多配套。” （访谈对象 G）

2.3.7 产品针对性不足

目前金融机构虽已开发了多款涉及养老的金融产品，但养老针对性不强仍是一个主要问题。在设计开发养老服务金融产品时更多的是在传统产品上简单地加上“养老”的概念，并未在主动引导民众改变养老理财观念上多下功夫，也未在提升产品的养老价值上做好研究。如商业银行养老金融产品服务基本为已有产品的微调和重新组合，即使是在名称上和客户推介上是有针对老年客户推出的定制式理财产品，但是他们大多存续期较短，难以满足投资长期性等特定需求，而保险业的养老产品也多为原有产品的简单转换。产品服务针对性的不足说明金融机构在发展养老服务金融方面并未抓住重点，发展养老服务金融业务还更多地停留在表面表面上，对发展养老服务金融认知度和重视度不高制约着养老金融业务的发展。

老年人具有理财的巨大需求，多数老年人从年轻时期开始积累了一定数量的财富，但自己缺乏养老理财的相应知识，养老理财的效率较低。我国金融机构对老人的服务，针对性服务意识不足，个性化产品不足。由于老年人活动范围有限，对金融消费的便捷性以及产品的安全性、流动性等相关要求更高，对服务价格比较敏感；老年人在对金融产品需求的同时，在服务中更需要得到心理关注和感情关怀。因此各金融机构需要面向老人特点，开发出更多的养老投资产品（胡继晔，2017）。

2.3.8　政策鼓励金融行业创新，但谨慎监管限制了创新空间

养老金融产品注重的是“多元化”和“长期性”的投资以及“稳定的收益”。而养老金融服务之所以面临短期化和同质化，部分原因与政策的限制是有关系的。由于防范金融风险的考虑，国家在制度层面上比较审慎，例如现行规定要求银行理财产品期限最长不超过 5 年，在这一规定下，10 年、20 年甚至更长期限的养老理财产品缺乏政策支持。世界各国对金融行业都采取严格的监管措施，我国对金融行业的监管尤为谨慎。过去的 10 年间，在金融行业发展和探索的过程中，政策在某些方面逐渐做出了一些放松，以鼓励金融机构更好的发展各种业务，增加金融机构的灵活性和营利能力。特别是过去的 10 年间，政策层面对鼓励和督促金融机构针对养老进行创新尤为明确和迫切，如 2016 年 3 月出台的《关于金融支持养老服务业加快发展的指导意见》（银发〔2016〕65 号），在国家政策层面正式提出了金融服务养老的战略。国家明确提出金融业要充分认识到服务养老的重要意义，推动相关的组织、产品和服务创新，满足居民多样化的金融服务需求，提升居民养老财富储备和养老服务支付能力，在支持养老服务业的同时促进自身转型。2016 年 12 月国务院办公厅发布的《关于全面放开养老服务市场提升养老服务质量的若干意见》（国办发〔2016〕91 号），同样提出了发展适老金融服务的问题，要求规范和引导商业银行、保险公司等金融机构开发适合老年人的理财、保险产品，满足老年人的金融服务需求，强化老年人的金融安全意识，加大金融消费者权益保护

力度。实践中，以下一些政策确实对金融行业进行创新提供了很大的自由度，如：

• 保监会在 2009 年发布了《关于试行养老保障委托管理业务有关事项的通知》，允许养老保险公司试点团体养老保障委托管理业务，经过 9 年发展，养老保障委托管理业务经历了业务范围从团体到个人、产品从报告制到备案制的逐渐开放的过程。

• 2013 年 12 月，财政部、人力资源社会保障部和国家税务总局等三部门联合发布了《关于企业年金、职业年金个人所得税有关问题的通知》，自 2014 年 1 月 1 日起，实施企业年金、职业年金个人所得税纳税递延优惠政策，在一定程度上降低了年金计划参加人的个人所得税税负，促进了养老体系“第二支柱”的发展。

• 2016 年，保监会下发《关于进一步加强养老保障管理业务监管有关问题的通知》，明确了养老保障管理产品开放式投资组合受托管理的个人委托人资金初始金额不得低于 1000 元人民币。

• 2017 年 6 月，国务院办公厅发布《关于加快发展商业养老保险的若干意见》，明确 2017 年年底前启动个人税收递延型商业养老保险试点。建议相关部门对养老金信托也给予一定税收优惠政策，如个人缴费部分在一定比例内可实现个人所得税前扣除，待个人实际领取时再缴纳个人所得税，实现个税递延，这将有利于进一步鼓励员工个人缴费积极性。

• 2018 年 3 月 2 日，证监会正式发布实施了《养老目标证券投资基金指引（试行）》，标志着公募基金产品正式加入个人养老资金投资市场的竞争中。

• 2018 年 9 月 28 日，银保监会正式下发《商业银行理财业务监督管理办法》，在办法中区分了公募和私募理财产品分别进行发行对象、风险承担，投资方向等，要求根据不同的客户群体进行不同的风险匹配，并且把单只理财产品的销售起点从 5 万元降到了 1 万元等。

可以看出对于发展和创新养老服务金融，国家在政策方面已经开始提出了明确的要求。但是政策偏重宏观指导和鼓励，对于实施过程中的具体问题尚缺乏细化的规定，金融机构在创新方面仍然受到较多限制。比如信托公司只能按照监管部门发布的《信托公司集合资金信托计划管理办法》的规定，限定个人投资一个信托计划的最低金额不少于 100 万元人民币（王锦凌，2018），个人准入门槛较高，无法覆盖广大的中低收入群体购买信托产品的需求，影响了信托公司在养老金业务领域的竞争力。政策方面在考虑降低风险的同时，也限制了金融机构开展更为灵活的养老金融服务，反映了政策层面还需要对金融行业的情况进一步细分，指导金融机构在稳健的基础上提供更符合广大民众需要的养老产品。

2.4　本章小结

本章对我国现有的养老服务金融产品和服务进行了梳理，分析了养老服务金融产品的特性，并通过访谈对我国不同金融机构提供的养老服务金融产品存在的问题进行了调研和分析，揭示在养老服务金融发展中遇到的问题和其背后的原因。

我国现存的主要养老服务金融产品主要由商业银行、保险公司来提供，这类金融机构也是养老储蓄类产品的主要提供者；而养老投资类产品如养老基金和养老信托类养老产品由于专业性高，风险较大，民众的投资认知低而使市场占有率较低；养老融资类产品如住房反向抵押等服务由于受传统观念的束缚被民众接受的程度和数量则更低；综合服务类的养老产品收到我国监管体制的限制而没有真正意义上的综合养老产品出现，但是各金融机构在推出综合养老服务方面开始了积极的尝试，并有几家机构已经推出了满足养老多方面需求的混合产品。具体来说，银行业的养老产品主要包括商业银行储蓄、商业银行理财和老年消费信贷，另外在服务平台和方法上银行也做了改善（如社区银行等）。保险公司承担着养老产品的主流，即商业养老保险，护理保险已经开始尝试，但是还不完善。其他较为小众的养老产品为基金公司提供的养老投资基金、资产管理和住房反向抵押等。

在梳理各种养老产品的现状之后发现，从主观角度来看，对养老服务金融发展的制约首先来自金融机构对养老长期投融资理念的不强，未能主动从全生命周期角度出发加强对养老产品和服务的规划和设计开发，缺少对民众科学养老投资的引导。从文化环境的角度来看，消费者“传统观念”的延续和制约对于养老服务金融产品的创新有阻碍作用，而金融机构在引导养老投资与消费理念，开发既适合传统文化又适应时代发展的新型养老服务金融产品方面也缺乏主动性。从具体产品的角度来看，养老产品设计和推广中存在的“注重短期利润”“缺乏普适性”“专业化人才缺乏”“与其他类产品区分度不高”“与养老产业割裂，无法保证养老质量”等问题影响了养老金融服务产品的创新和发展，而在国家政策层面，审慎的金融监管对开发富有活力和吸引力的养老金融产品也带来一定限制，金融机构开发推广金融产品的积极性和活力并未得到完全激发。如何解决现有的问题，改善现有养老服务金融业务的有效性，提高金融行业适应民众养老需求的能力等亟须我们提出思路和建议。第 3 章我们将从养老金融需求端的诉求方面展开调研和分析，并在第 4 章结合本章所发现的问题与第 3 章所做的分析对金融供给侧有关养老产品与服务的创新提出建议。

第 3 章 我国养老服务金融需求端诉求调研与分析

养老服务金融供给侧的创新源于对需求端诉求的了解和理解，失去对需求的尊重和理解供给则会失去动力和活力，或者陷入无的放矢的状态。通过第 2 章我了解到，目前我国金融行业在产品设计和营销方面还没有很好的针对客户需求，造成养老金融产品缺乏针对性，产品单一等一系列问题。因此，为更好地找到供给侧的创新点所在，需要首先掌握目前人们对养老金融方面的迫切需求是什么。根据这一目的，课题组于 2017 年 4—8 月在全国范围内开展了田野调查。

3.1　调研的目的、范围和手段

此次田野调查采用问卷调查和访谈两种方式。问卷调查的主要目的在于了解民众在养老服务金融方面的普遍和基本的需求，包括需求的内容和强度；自身满足需求的能力；现有的养老金融储备及方式；对于设立“家庭养老共享账户”的态度；对金融服务的要求等；访谈的目的是深入了解人们对于养老需求方面的态度和想法以及原因。

本次调研设计调查规模 4000 人，通过筛选及逻辑校验，最终得到有效问卷 3834 份，样本有效率为 95.85%。回收的有效问卷覆盖全国除西藏、香港、澳门和台湾之外的所有省、自治区和直辖市，涉及我国不同经济发展程度的地区，包含富裕地区，中等发达地区和欠发达地区，具体分布见图 3－1。其中，各地区调研对象数量所占比例与该地区的人口数量和经济发展水平相对应，因此所得数据具有很好的代表性。

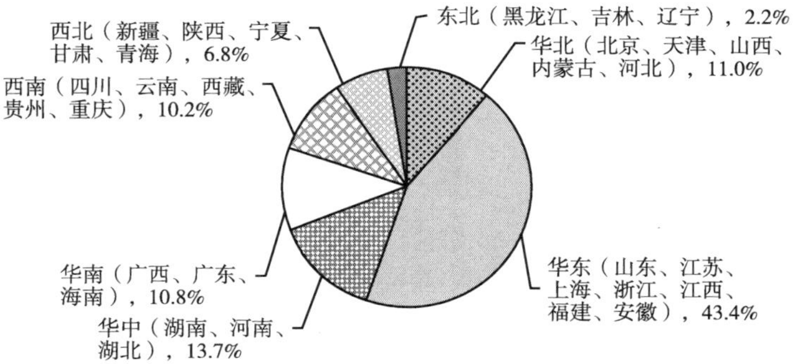

图 3－1　问卷调查覆盖范围及比例

问卷调查采用电子问卷方式，通过电脑、手机等客户端进行调查和数据收集。这样做的好处一是方便高效，通过现代网络的高效传播能把问卷发放到全国各地，增加问卷的覆盖地区，使调查结果更具普遍性。同时，由于在电子问卷中设置了一个账户只能填写一次的限制，以防止同一调查对象多次填写造成的虚假问卷，从而调查的有效性得以保证。二是问卷在设计之初就可以通过逻辑设计减少无效问卷，提高问卷的有效率，这是纸质问卷所无法得到的。电子问卷调查的一个不足之处是对于不使用或不善于使用手机电脑等电子工具的调查对象来说，无法获取他们的反馈。针对这一不足，在问卷调查中，为了优化目标人群的答卷比例，除通过网络手段发放问卷外，我们还通过调研人员上门的方式，到中老年人口比较集中的小区、公共场所、老年人日间照料中心和养老院等机构进行了现场问卷调查，这一做法既可以调节数据收集的不同年龄段人群的比例，更可以帮助不善于使用电子工具的中老年人参与调查，由调研人员采用问答的形式，帮助其填写问卷，使问卷调查更具代表性和可信性。

鉴于调查问卷存在一个最大的弊端，即其真实性不能完全保证，被调查对象有可能因各种原因填写了与实际不符的答案，因此，项目组同时结合了访谈，以便对可能存在的数据偏差进行纠正，并且借此可以对养老需求端的诉求做深度的探查，对于某些不适于问卷调查的问题，如人们对养老金融服务的态度和观点等进行采访和了解。访谈主要通过面对面访谈和电话或网络对话访谈，共在全国选取了天津、唐山、乌鲁木齐、吐鲁番、兰州、成都、西安、西宁、哈尔滨、扬州、昆明、济南、威海、临沂、东营、泰安等多个有代表性的区域进行了80个访谈。

3.2　调研提纲设计

根据此次调研的主要目的，调查问卷共分为五部分，调查问卷内容主要包含四部分。第一部分是被调查对象的基本信息，包括性别、年龄、受教育程度、婚姻家庭状况、所在地区和家庭年收入情况；第二部分调查被调查对象对养老服务金融的需求和规模，包括其养老需求和需求满足所需的金额以及满足情况；第三部分是调研其养老资金来源和准备情况，包括其主要养老资金来源和现有准备，子女资助父母养老情况，以及是否有意愿建立家庭共享养老账户；第四部分对养老金融产品和服务的了解和购买情况的调查，包括熟悉和已经采用的资金准备方式，信息获得和购买产品的渠道，以及是否需要金融机构的专业服务；第五部分是关于参与“家庭养老共享账户”的态度（问卷调查内容请参考附录二）。问卷框架如图 3 –2 所示。

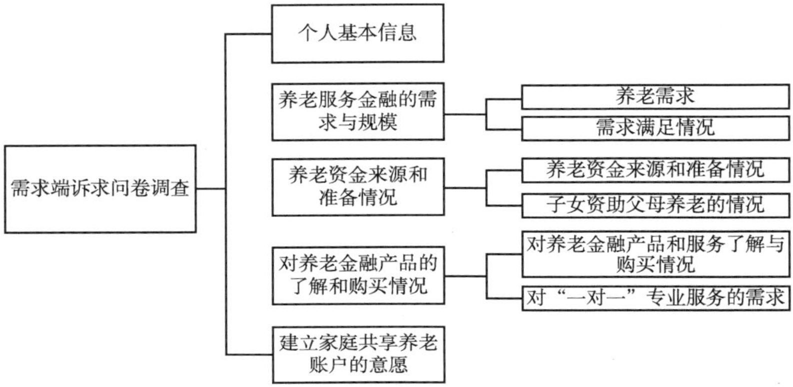

图 3 –2　需求端诉求调查问卷框架图

3. 3　问卷调查结果统计

3. 3. 1　被调查人群性别组成

此次调查人群中，男性占比 44. 5%，女性占比 55. 5%，女性高于男性 11 个百分点，性别比例差别适当，可以较好地反映不同性别群体的意见（见图 3 –3）。

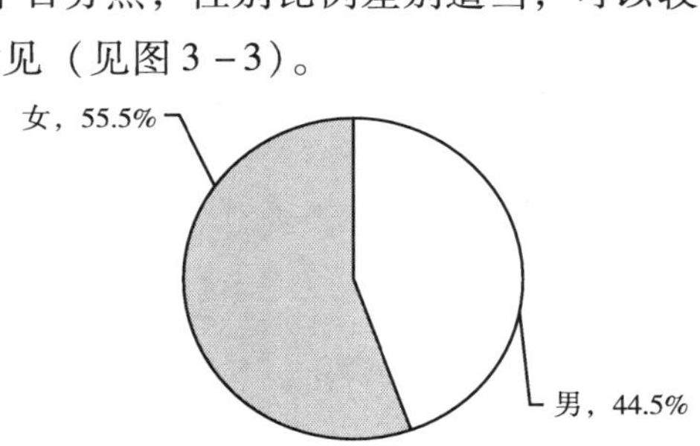

图 3 –3　问卷调查人群性别组成比例

3.3.2　被调查人群的教育程度

从调查数据来看，教育程度占比最高的是大学（含专科和本科）学历，达到54.1%；高学历群体（含硕士和博士）占比9.5%。两者相加的比例占比超过60%（见图3-4）。通过交叉分析发现（见图3-5），这一教育程度下的受访者主要为60岁以下群体，表明六成多的受访群体受过良好的教育，因此意味着有较高的理性；其中20~30岁的人群又占了较高比例，这可能与本次调查的主要方式——电子问卷调查——有关，因为这一群体是擅长使用电子工具的主体，这一人群的广泛参与能帮助我们更好地了解他们对于从年轻时期进行养老准备的态度，因此也很有意义。同时，在这一调查项下，初中及以下和高中学历的人群占到了36.4%，交叉分析显示，这一群体主要为70岁以上老年群体。

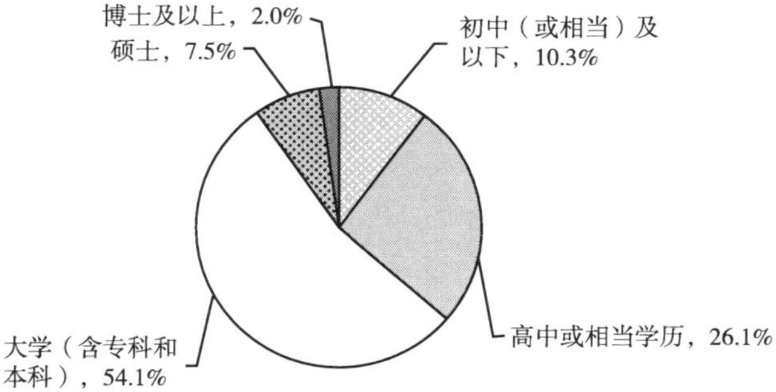

图3-4　被调查人群教育程度

从教育程度组成来看，本次调查所得的信息反馈能很好地反映目前和将来人们在养老服务金融方面的需求，具有较高的参考价值，因此数据具有很好的说明性。

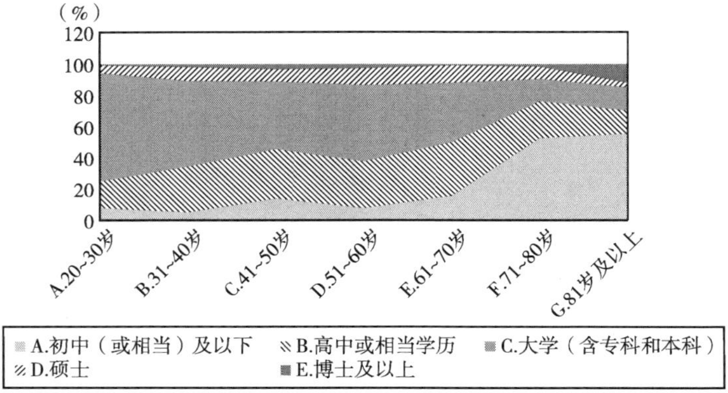

图 3－5　不同年龄段人群受教育程度在本组人群中占比情况

3.3.3　被调查人群的婚姻家庭状况

此次被调查人群中有 26.2% 属未婚人群；34.9% 的已婚并有独生子女，25.6% 的已婚且有多子女，8.6% 的已婚尚无子女；另外离异或丧偶人群占比共 13.5%，包含无子女、有独生子女和多子女等家庭情况，如图 3－6 所示。从调查人群婚姻家庭占比数据来看，本次调查中已婚和未婚人群比例接近 3：1，近 75% 的人是已婚人士，且有子女的比例占到 63.4%。因为本次调研涉及家庭中子女与父母共同养老的问题，所以，较高的已婚者参与比例可以使调查结果反馈更能满足研究需要。

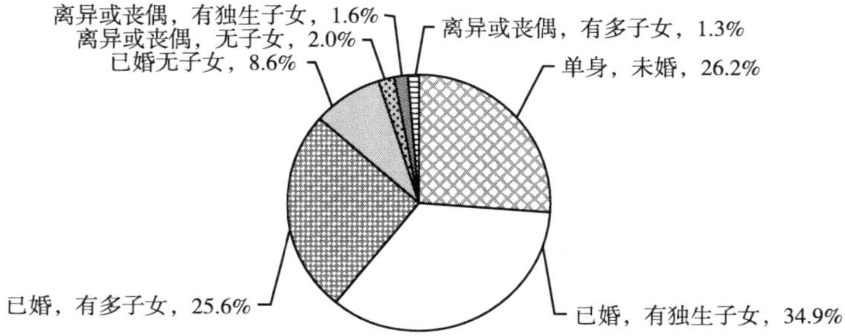

图 3－6　被调查人群的婚姻家庭状况

3.3.4　被调查人群的家庭年收入范围

此次调查中收入部分采用家庭收入，因为养老金融的安排一般是以家庭为单位的。选项设置范围参照我国家庭收入的大致等级划分，从贫困、低收入、小康（中等），到富裕，以致高收入和富豪家庭。调查结果显示（见图 3－7），参与此次调查的人群中，18.4%的人年家庭收入在 3 万元及以下，有 30.2%的人家庭收入处于 3 万～8 万元的水平，年家庭收入达到 8 万～15 万元的占到 25.8%，15 万～30 万元的占 17.5%，30 万～100 万元的占 5.9%，100 万～500 万元的占 1.4%，500 万元及以上的占到 0.9%。调查数据说明，参与此次调查的中低收入群体（年家庭收入在 30 万元以下）共占 91.9%，富裕（年家庭收入 30 万～100 万元）和高收入群体（年家庭收入 100 万～500 万元）占到 7.3%，而富豪群体（年家庭收入 500 万元及以上者）占到 0.9%。这一比例符合目前我国家庭收入水平等级分布的基本情况，因此从收入角度来看，样本人群具有很好的代表性。

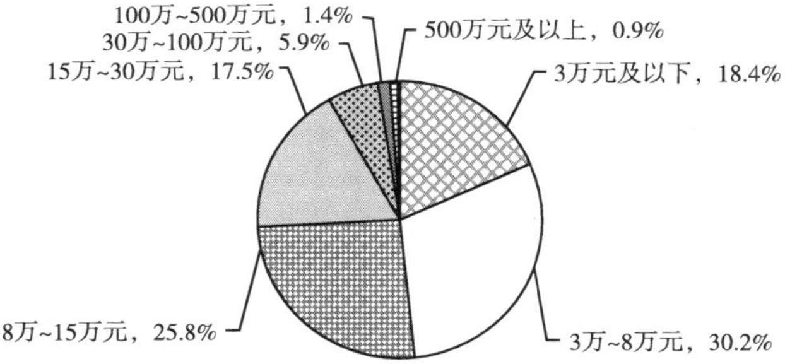

图 3－7　被调查人群家庭年收入范围

3.3.5　被调查人群年龄分布

本次调查主要涉及的调查对象是有养老服务金融需求和潜在的

养老金融服务需求的群体，希望包括“老中青”3个年龄段的人群。鉴于这些考虑，我们把调查对象的年龄限制在20岁以上。具体年龄分布见图3－8。

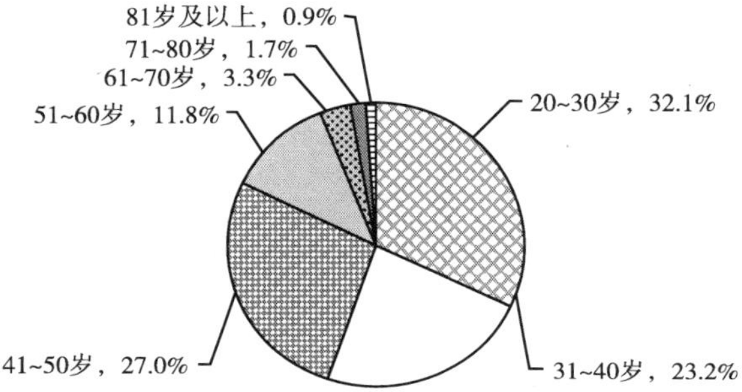

图3－8　被调查人群年龄分布

调查数据显示，参与此次调查的人群中20～30岁的占比32.1%，31～40岁的占比23.2%，41～50岁的占比27%，51～60岁的占比11.8%，61～70岁的占比3.3%，71～80岁的占比1.7%，81岁及以上的占比0.9%（见图3－8）。综合来看，60岁及以上人群普遍进入退休阶段，有现实的养老需求，因而他们正在使用养老服务金融的各项服务，对养老服务金融的感受较深；41～50岁的人群马上就要面临自己的养老问题，有些甚至已经进入退休或失去劳动力状态，这部分人群养老已经成为现在时；同时，这个群体的人还要面对自己父母的养老问题，分担父母的养老负担，他们对养老服务金融的考虑也迫在眉睫。40岁及以下的人群，在养老问题上主要是考虑父母的养老问题和自己将来的养老应该采用何种方式，在养老服务金融方面考虑的尚不是很多。

3.3.6　主要养老需求

养老需求涉及多个方面，因此问卷提供了多个选项供调查对象选择。调查数据显示（见图3－9），被调查人群位列第一位的养老需求是大病医疗（57.7%），其次是基本医疗（54.9%），可见医疗是养老需求中的主要方面。在基本衣食住行方面的需求紧随其后（43.%），基本日常需求成为养老中的另一大开支方面。住养老院、护理和照护所需开支在受调查人群中也被放在较为重要的位置，均接近40%，高于购买家庭劳务、旅游和其他娱乐消费等。

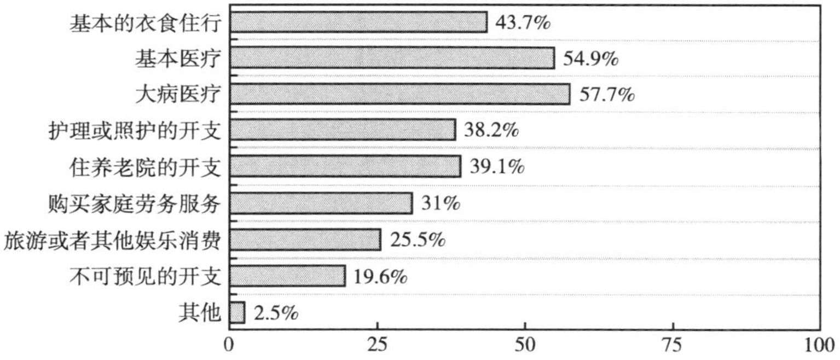

图3－9 被调查人群养老需求

3.3.7 养老资金月需求

调查对象对于目前对养老资金的月均需求分布见图3－10。该调查数据表明，目前养老资金月需求主要分布在2000～4000元和4000～6000元两个区间，分别占23.2%和25.2%（合计比例近五成）；月均需求6000～8000元的人群占比18.7%；每月养老资金需求不足2000元的略多于10%的被调查人群；其余人群月均养老资金需求在8000元以上，更有4.6%的人月均需求在15000元以上。

据《中华人民共和国2017年国民经济和社会发展统计公报》（国家统计局，2018）的统计数字，2017年全国居民人均消费支出

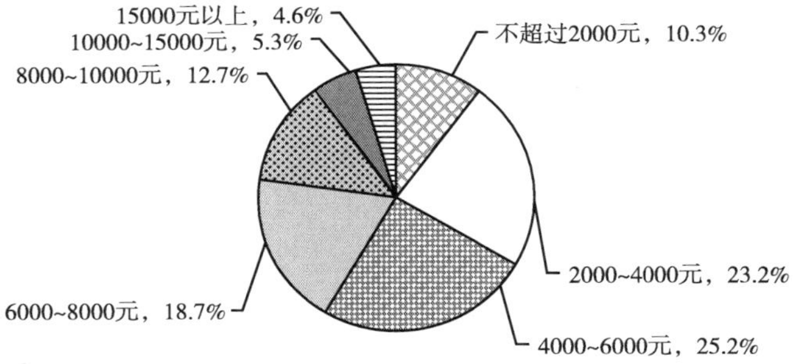

图 3-10　养老资金月需求

为18322元，平均每月约为1527元，如果一个老年家庭按夫妻两人计算，则家庭月消费为3054元。如果将问卷调查得出的数据与2017年全国居民人均消费支出和构成进行对比，主流的养老资金月需求金额（2000~6000元）要大于全国平均的消费支出水平。另外，据国家统计局的统计公报，在医疗保健方面，2017年人均消费支出为1451元（月均约121元）（见图3-11），很显然，这一数额是无法满足大病医疗的支出需求的。这些数据说明，目前我国国民在养老需求方面所需的资金是存在缺口的。

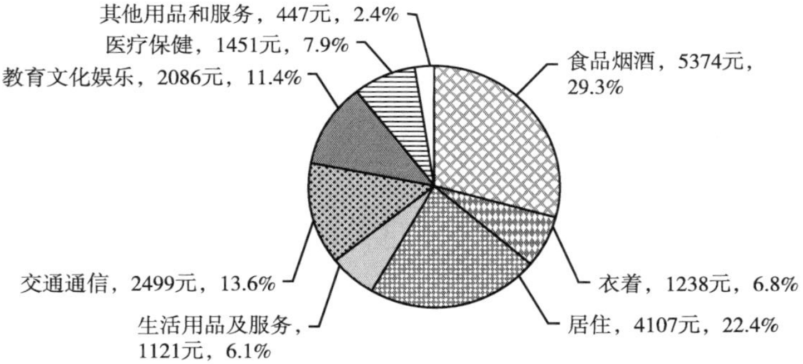

图 3-11　2017年全国居民人均消费支出及其构成

资料来源：中华人民共和国2017年国民经济和社会发展统计公报。

3.3.8　家庭每月能负担的养老支出

统计结果显示（见图 3－12），在受调查人群中，有近七成的人认为家庭每月能负担的养老资金主要集中在 6000 元以下，高于在这个资金段的月均消费需求人数占比，其中 2000 元以下的占 23%，2000～4000 元的占 24%，4000～6000 元的占到 22.1%。而 6000～8000 元水平的占 17.3%，高于 10000 元的占到 4%。这一数据表明，目前家庭养老负担的数额主要集中在 6000 元以下。其中不容忽视的一个事实是，低于 2000 元的家庭占到了近 25%。对比 3：3：7 中的养老资金需求可以发现，除了低于 4000 元这两个档次外，在其余养老资金需求档次中，能负担的养老金显然小于养老需求所需的金额，这表明，一是用于养老的资金不足，二是中低收入群体是养老服务金融不能忽视的一个群体。

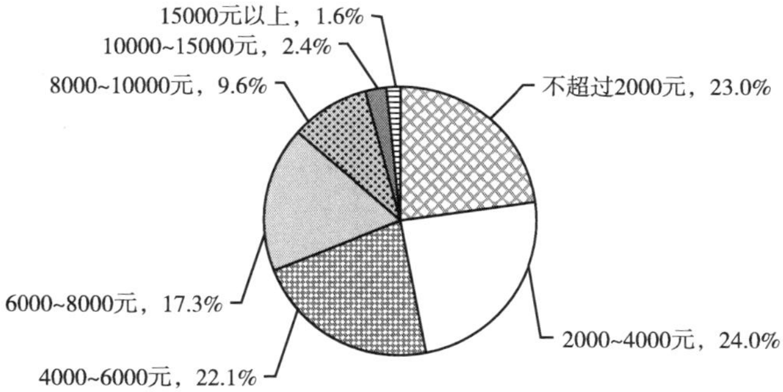

图 3－12　家庭每月能负担的养老支出

当然，需要注意的是，月需求和月负担支出不存在完全对应的情况，即一个人的需求可能会高于或低于他（她）的月负担支出，表 3－1 仅表示从整体上来看，每月能够负担的支出和需求之间的差别。

表3-1　养老资金月需求与每月能负担的支出情况对比

金额（元）	养老资金月需求占比（%）A	每月能负担的支出占比（%）B	对比（B-A）
不足2000	10.3	23	12.7
2000~4000	23.2	24	0.8
4000~6000	25.2	22.1	-3.1
6000~8000	18.7	17.3	-1.4
8000~10000	12.7	9.6	-3.1
10000~15000	5.3	2.4	-2.9
15000以上	4.6	1.6	-3

3.3.9　养老资金满足情况

关于“现有养老资金储备是否能够负担养老需求”问题的提问只针对50岁以上的人群进行调查，反馈结果显示（见图3-13），50岁以上的被调查人群中有26%的人认为目前资金所需要的养老资金无法满足需要；43.5%的人认为基本满足，占比最高；25.5%的人认为能够满足；而只有5%的人认为，能否满足且有剩余。这一数据显示，有超过1/4的人认为现有的养老资金无法满足自己的养老需求，如果结合认为基本满足的人群数据，则总共有69%，即近七成人目前的养老需求满足情况不容乐观。

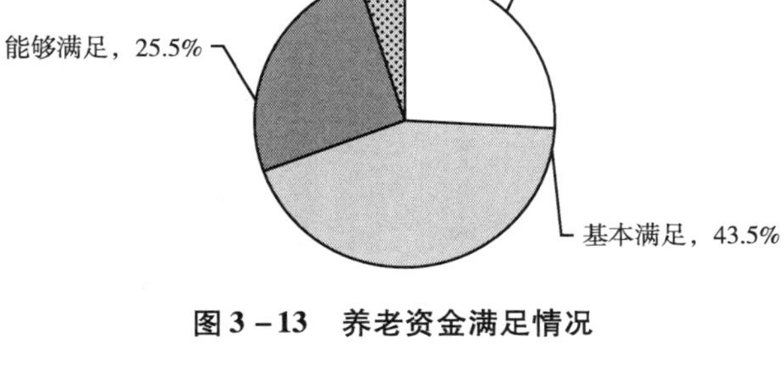

图3-13　养老资金满足情况

结合年龄因素对养老资金满足情况的交叉分析显示（见表3－2和图3－14），在50～80岁的3个年龄段中，有不到30%的人认为养老资金不能满足养老需求，表示能满足养老需求的占比均在73%以上；而在80岁以上的人群中，认为“不能满足”的占比较高，达到50%，这一结果或与该组人群相对受教育程度较低，退休时间早，工资收入较低有关。认为“基本满足”和“能够满足”需求的人群在51～80岁的3个年龄段中都占到多数，占比在70%左右，这说明目前70%左右人群的养老资金能够满足其养老需求。

表3－2　不同年龄段养老资金满足养老需求的情况　%

养老需求	51～60岁	61～70岁	71～80岁	81岁及以上
A. 不能满足	23.84	26.77	26.56	50.00
B. 基本满足	45.47	42.52	39.06	29.41
C. 能够满足	26.05	25.98	26.56	14.71
D. 完全满足，还有剩余	4.64	4.72	7.81	5.88

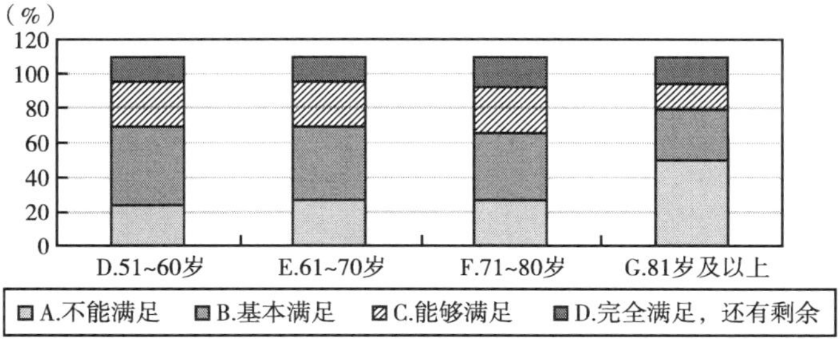

图3－14　不同年龄段人群养老资金满足养老需求的情况

综合3.3.7、3.3.8和3.3.9的数据，我们发现人们的养老资金需求往往高于人们能负担的支出，但鉴于70%人群认为养老资金可以满足需求的反馈信息，二者似乎存在矛盾。据课题组分析，造成这样的结果有两种可能，一是人们在满足需求时“量入为出”，这或许是以降低需求的质和量来应对资金缺口问题，所以有七成的人认为可以满足需求；二是在填写能负担的支出时过高地估计了需求水平或者过低地估计了自己的负担能力，造成数据上反映出较多的人认为需求不能够被完全满足。针对这一问题，我们将在后期的访谈中予以更加深入的了解和分析。

3.3.10 养老资金缺口是否有填补

在上题中回答养老资金储备不能满足每月养老需求的人群中，需要补充回答“资金缺口是否有人填补”这一问题。反馈结果如图3－15显示，有43.5%的被调查人群能得到资金的补充，以填补其在养老资金方面的不足，这表示在目前我国的养老问题上，养老资金缺口需要补充是普遍存在的现象。其余被调查人群则没有得到或不需要资金补充。

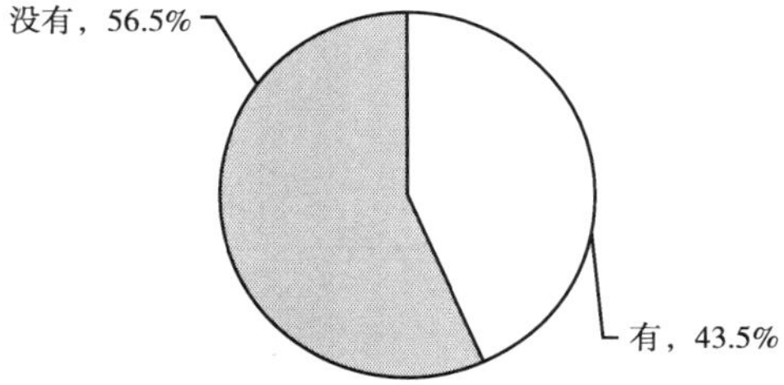

图3－15 养老资金缺口是否有填补

3.3.11 资金缺口的填补者

上题中若回答“有”的被调查对象，会被问及资金缺口的填补人主要是谁？图3－16显示的是给予养老资金贴补的主要人群。

在这一问题的反馈上，数据表明，子女为父母提供养老资金补助的占到被调查人群的65%，其次是子女之外的其他亲属，占到30.1%；再有就是来自朋友（21.4%）和社会（20.4%）及其他

（2.4%）的资助（见图3－16）。可见，在我国社会，以家庭和亲人关系为纽带的文化，在人们养老问题的解决上起到了很大的帮助作用。

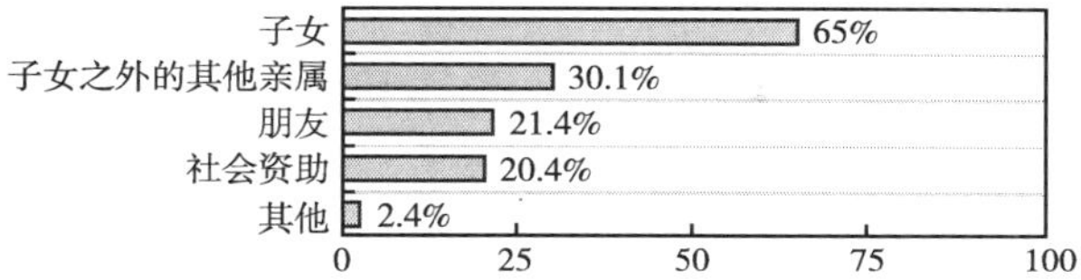

图3－16　资金缺口填补者

3.3.12　养老资金来源

调查数据表明，在养老资金来源方面，有43.7%的人主要依靠社保提供的退休金（养老金）；另有25.7%的人没有参加社保，依靠退休金生活；有30.1%的人没有收入，完全靠子女养老，还有24.8%的人，虽然有收入，但仍需子女补贴养老；数据显示，只有15.2%的人有金融资金投资用于满足养老资金需求，另有7.1%的人用房屋抵押的方式作为养老资金来源（见图3－17）。

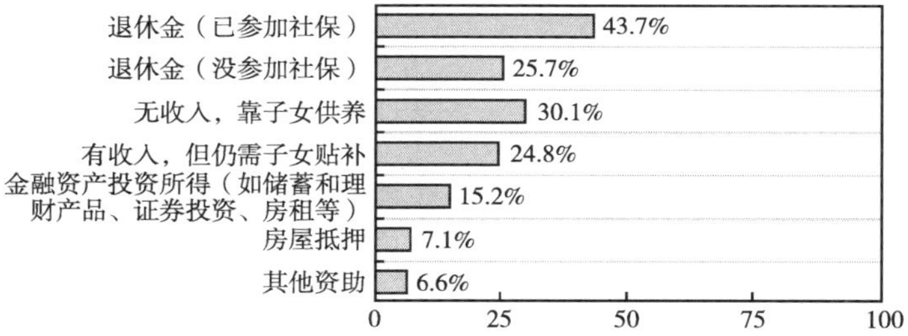

图3－17　养老资金来源

3.3.13　与父母建立"养老共享账户"的意愿

为了解建立家庭养老共享账户的可能性和年轻人对这一金融

模式是否感兴趣，课题组在调查问卷中设计了“如果可能，您愿意不愿意与父母建立‘养老共享账户’用于父母和您自己的养老资金需求?”的问题，设计指定50岁以下的被调查者回答。因为“养老共享账户”是本书课题组提出的一个新概念，所以调查问卷中对它的基本设计理念做了特别说明和解释。在了解了这一概念后，有62.8%的被调查对象愿意与父母建立“养老共享账户”，还有32.5%的人表示“不好说”，因为目前对“养老共享账户”的功能还不了解。另有4.8%的人表示并不愿意与父母建立这一账户（见图3-18）。针对这一问题的反馈结果，我们在随后的访谈中做了进一步数据挖掘，期望能得到人们的真实想法。

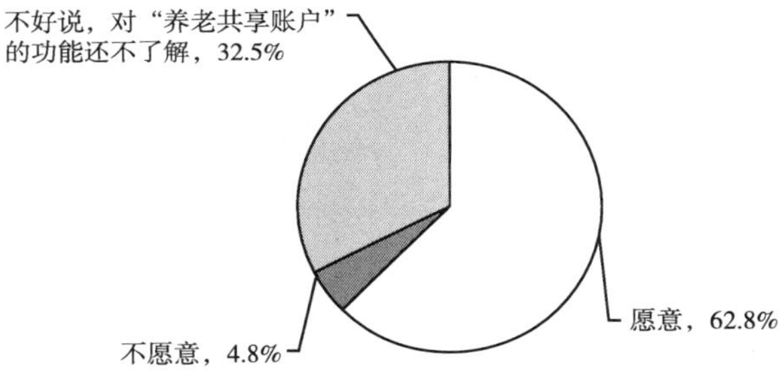

图3-18　与父母建立“养老共享账户”的意愿

3.3.14　对父母养老方面的资金支持

调查数据表明（见图3-19），有67.9%的人曾经给过父母资金支持，以用于父母养老所需，接近被调查对象的七成。另有32.1%的人没有给过父母资金支持。经交叉分析得知，在养老方面没有资助过父母的人群中，48.21%的人年龄在20~30岁，这部分人群多数还未工作，没有收入，无法在资金方面帮助父母。

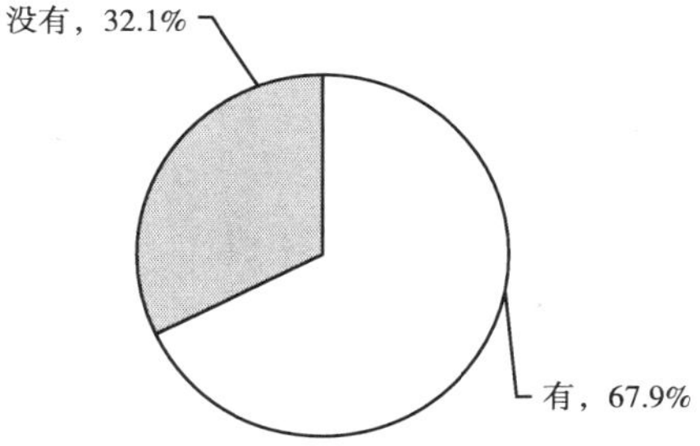

图 3－19　是否给父母养老的资金支持

3.3.15　资金支持金额

在曾经给予父母养老资金支持的人群中，支持的金额分布见图 3－20。

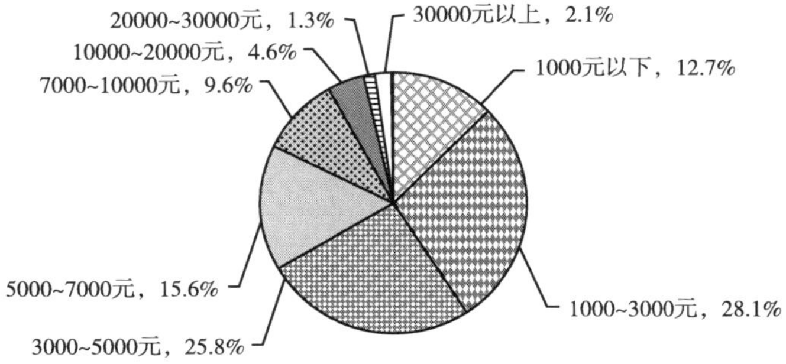

图 3－20　子女对父母的养老资金支持金额分布

该反馈中反映的是每年资助父母养老的金额。数据显示，每年资助父母最多的金额分布在 1000～3000 元，占到 28.1%，3000～5000 元的资助额度占到 25.8%，占第二位，两项之和为 53.9%。低于这个区间的占 12.7%，而高于 10000 元资助金额的占到 17.6%。这些数据说明，在曾经给予父母养老资金帮助的人群中，多数是在几千元的额度，而一部分人能给予父母高于每年 1 万元以上的资助。

3.3.16 与子女建立“养老共享账户”的意愿

为更好地了解是否存在建立家庭养老共享账户的可能性和老年人对这一金融模式是否感兴趣，课题组在调查问卷中设计了“如果可能，您愿意不愿意与子女建立‘共享账户’用于您自己和子女将来的养老资金需求?”的问题，问题面向所有被调查者，并在问卷上对拟建立的这一账户的含义进行了基本解释。在与子女建立“养老共享账户”的意愿调查中，有61.6%的人选择了“愿意”，33%的人因为对这一账户还不了解，选择了“不好说”，另有5.4%的人表示不愿意，见图3－21。

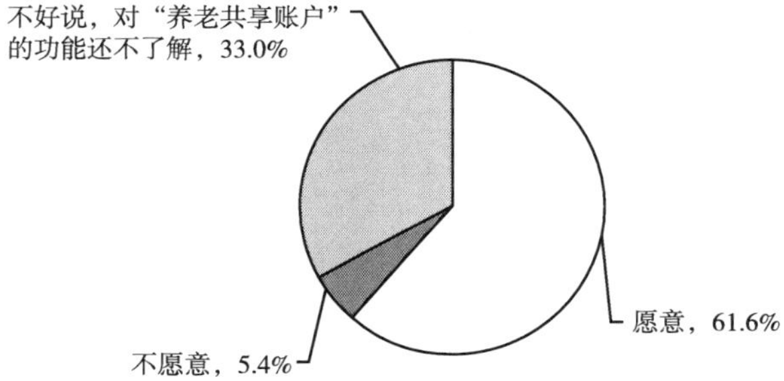

图3－21 与子女建立“养老共享账户”的意愿

这一结果与“与父母建立‘养老共享账户’的意愿”调查结果非常相似，“愿意”“不好说”和“不愿意”的比例大致相同，即六成以上的人愿意，高于三成的人还在等待“养老共享账户”的明确内容，只有5%左右的人不愿意。这说明多数人们对于建立养老共享账户是持支持态度的，而账户今后能带好的好处和能解决的问题是这一账户能否真正受到欢迎和取得成功的关键。

3.3.17 是否熟悉投资理财方式

问卷反馈显示（见图3－22），目前有50.9%的人尚没有熟悉的投资理财方式，占到被调查人数的一半略多。这个数字表明还有相当多的人在投资理财方面是缺乏知识和经验的，他（她）们平时对自己的资金管理是需要专业人士的指导和帮助的。

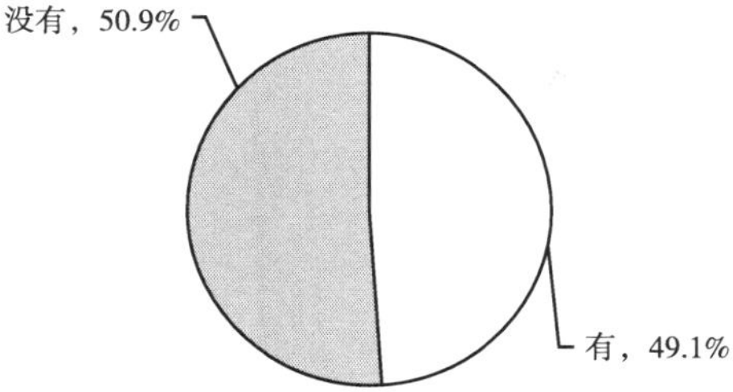

图 3 －22　是否熟悉投资理财方式

3.3.18　熟悉和采用的理财方式

紧接上题，在那些有熟悉的投资方式的回答者中，他（她）们熟悉和采用的理财方式有以下几种，见图 3 －23。

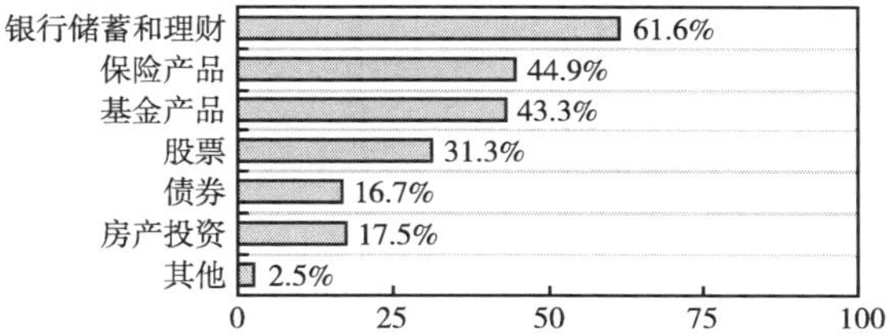

图 3 －23　熟悉和采用的理财方式

数据表明，有高于六成的人主要熟悉和采用银行储蓄和理财服务，各有四成多的人采用保险方式和购买基金产品，有三成的人选择了投资股票，另有 16.7% 和 17.5% 的人选择购买债券和进行房产投资。这一结果表明，目前在我国人们最多的还是选用最基本的理财服务，即银行储蓄和理财，作为资金管理的主要方式。

3.3.19 是否有养老资金准备

如图 3－24 显示，目前有养老资金准备的人占到 39%；想准备但不知道如何准备的占到 16.1%，37.7% 的人表示还没想过这个问题，明确表示还没有准备的人占 7.3%。如果把后 3 种回答均归类为“尚未进行准备”，那么对养老资金有准备和尚没有准备的人群之比约为 4∶6。

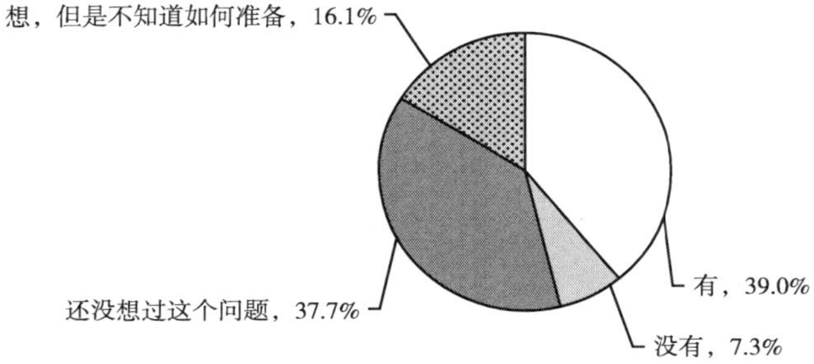

图 3－24 是否有养老资金准备

综合考虑年龄因素，我们可以看到，如图 3－25 所示，30～40 岁、40～50 岁、50～60 岁和 70～80 岁年龄段的人群对今后养老有准备的人占本组人群的比例相对较高。在 20～30 年龄组中，回答“还没想过这个问题”的人在本组人群中占比较高，并且明显高于其他各年龄组。但鉴于人们对“养老资金准备”的个人解释不同，有的人是有明确的计划，专门储存一部分资金用于将来养老，而有的人是笼统地将现有的所有存款都认作为养老准备。为更好地摸清人们在养老金融准备方面的情况，我们还需要结合访谈数据对这一项内容进行深入分析，以揭示人们不同做法背后的原因。

3.3.20 养老资金准备的方式

在养老资金准备方式方面（见图 3－26），被调查对象的选择

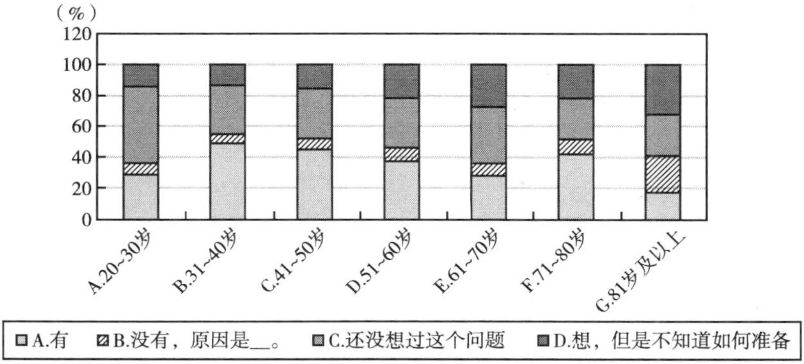

图3-25　不同年龄段养老准备的情况

表现出多样化，但其中银行储蓄、银行理财和购买养老商业保险是主要的方式，分别占到59%，44.9%和51.2%。可见这些传统的理财方式是最为被人们接受和使用的方式。另外，数据也显示近些年发展起来的基金、股票、房产、贵金属投资等方式也被部分人们接受，作为养老资金的准备和管理方式。而购买债券的方式仅占到12%，另有8%的人选择把钱放在家里。

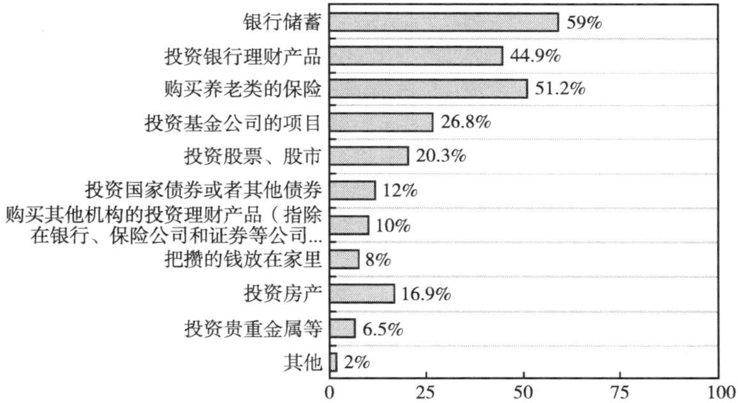

图3-26　养老资金准备方式

3.3.21 购买金融产品的渠道

在购买金融产品的渠道方面，数据显示，有52.7%的人选择在银行、保险公司和各类其他金融公司的营业网点自行选择购买；而38.9%的是由亲朋或子女帮忙购买；有42.4%选择使用现代电子工具，通过手机或网络进行购买；还有18%的人是经促销人员来购买（见图3－27）。

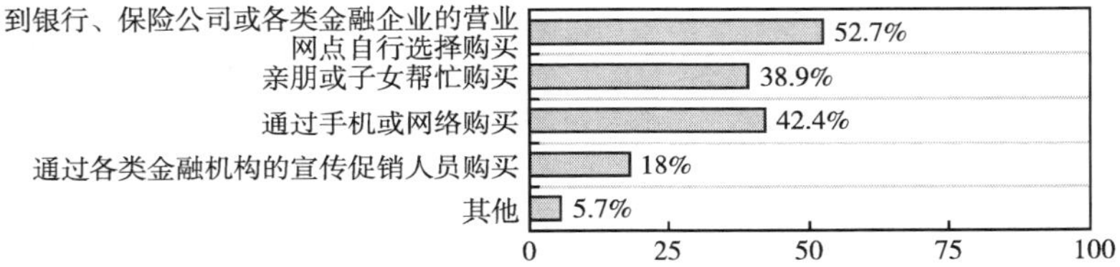

图3－27 购买金融产品的渠道

根据依据年龄进行的交叉分析发现（见图3－28），无论哪一个年龄组，到银行、保险公司等各类金融机构网点购买是多数人的选择，这表明银行和保险等主流金融机构提供的金融产品是人们进行养老资金储备的主要选择。在60岁以下年龄组中，通过手机和网络购买的人数占比居第二位，说明现代技术在人们的金融活动中也起到很大作用，但中青年是使用现代媒体工具的主流群体；而在60岁以上的3个年龄组中，使用手机或电脑网络购买养老金融产品比例相对较少，反而通过亲朋和子女帮助购买基本是处于第一位的选择，这说明他们在选择购买金融产品时需要得到亲人的意见，甚至是帮助操作。

3.3.22 投资信息来源

在投资信息来源方面（见图3－29），一半的人是通过银行等金融机构的宣传获得信息，52.1%的人是通过媒体的宣传获得相关

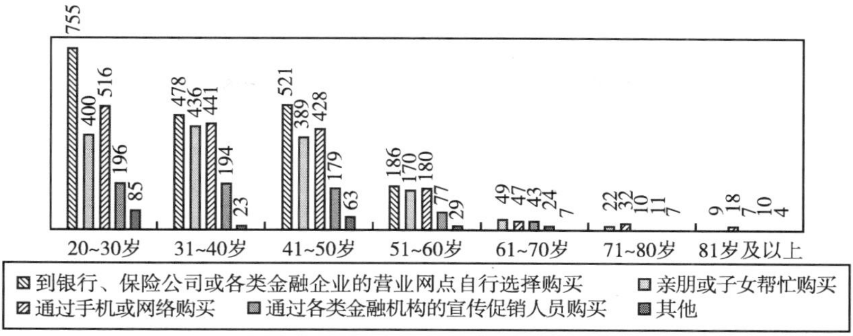

图 3－28　不同年龄段购买金融产品的渠道情况

理财信息，有约四成的人是通过朋友介绍，21.6% 的人是经亲属推荐而获得信息。由此可见，金融机构的宣传以及利用多种媒体进行投资理财信息宣传对于吸引消费者投资是非常重要的方式，而亲朋好友的推荐是除以上方式外的另一主要信息来源方式。

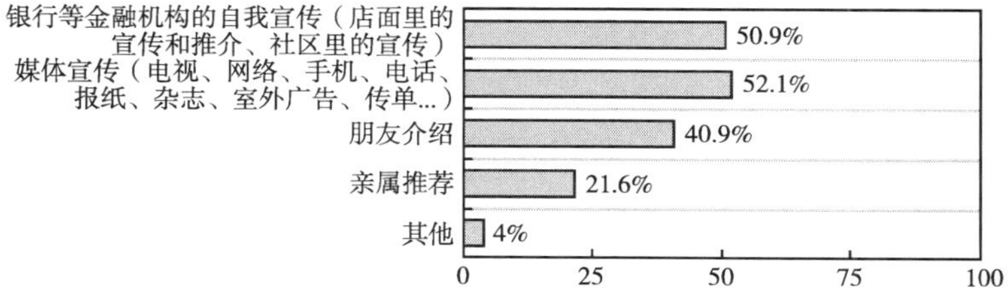

图 3－29　投资信息来源

3.3.23　专业金融服务需求

在回答"是否需要'一对一'金融服务"时，有 42.1% 的人选择了"需要"，而 32.9% 的人选择"不需要"，其余人则认为"无所谓"（15.9%）和"不知道"（9.2%），见图 3－30。

这一结果显示，对于专业的金融服务还是有较高比例的人群需要提供帮助，结合人们对投资理财方式的熟悉情况（参见 3.3.17

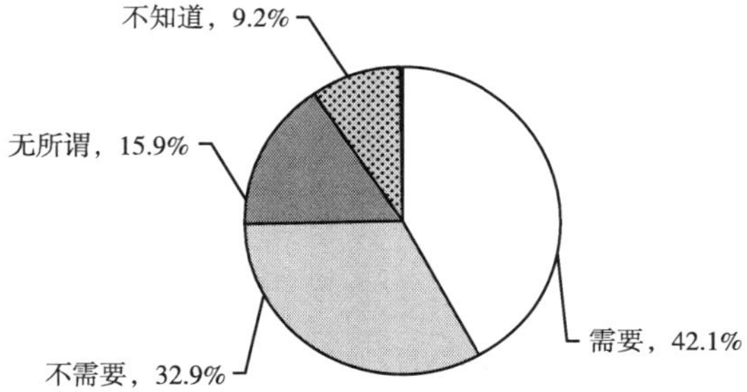

图 3－30　是否需要"一对一"金融服务

和 3.3.18)，有一半的人并不熟悉投资理财方式，因此，给予人们必要的投资理财知识，对其投资理财进行"一对一"的指导，对于提升人们对理财的认识，提高理财的效果是非常必要的。

3.4　养老服务金融需求端诉求发现

问卷调查数据提供了目前我国养老服务金融需求端的一些有价值的信息描述，为我们认识需求端在养老需求、养老资金准备等方面提供了一手数据。为了深入分析需求端诉求背后的原因，我们还需要结合访谈数据，进一步对问卷数据以及数据背后的信息进行分析。经过分析，我们在养老服务金融需求端主要有以下几个方面的发现。

3.4.1　需求端养老需求的主要诉求

问卷调查的数据显示（见 3.3.6），人们养老需求的主要诉求点主要集中在四个方面，一是医疗方面（含大病医疗和基本医疗）；二是衣食住行等基本需求；三是与大病相关的特殊照护和入住养老院的需求；四是购买家庭劳务、旅游、娱乐等精神需求。通过进一步分析我们发现，目前，民众在基本衣食住行上的需求普遍能够得到满足，因此这部分需求目前不是人们养老需求的诉求重点，而未被充分满足的需求才是人们关注和担忧的重点，也是今后金融机构在思考提供养老服务金融产品和服务时的依据。特别地，以下两点是人们养老需求当前和今后的主要诉求。

3.4.1.1　医疗和与之相关的医养社会服务是需求重点

养老需求的主要内容表明两点，一是医疗消费支出是人们在养老阶段的一个主要需求，由于我国的医疗社会保障尚没有形成全覆盖，医保报销比例虽然呈不断增长的趋势，但相比昂贵的大病医疗费用，自己负担的医疗费比例依然是一笔很大的数目，这对中低收入人群来说显然是一项很大的负担。二是与此相关的还有特殊照护和住养老院的需求，对于独生子女家庭来说，他们特殊的家庭结构使购买社会服务进行养老照护的需求特别强烈，而根据前面（3.3.8）的分析，中低收入家庭在购买这些服务时存在资金困难，因此，加强对这部分需求的金融支持是养老服务金融应该重点关注的地方。

3.4.1.2　对精神生活的追求会成为今后养老需求的一个重要方面

如果说医养服务是人们在身体健康欠佳时的主要关注点，那么，对于身体健康的老年人，追求更高的精神享受，弥补年轻时无法满足的愿望是他们的一个需求重点。随着人民生活水平的提高，人们对老年阶段的生活质量也有更高追求，希望有更好的精神享受和社会服务。虽然这部分需求目前还排在较次要的位置，但这已经是越来越多的老人生活中的一个重要组成部分。随着我国经济持续发展，人民生活水平日益提高，对于精神上的追求会越来越强烈，因此可以预期这部分养老需求将会逐步提高，占据较高的比重。这表明，金融机构在养老服务金融产品和服务的提供上应具有前瞻性，注重开发与此相关的多种产品与服务。

3.4.2 养老资金准备与认知

3.4.2.1 养老资金准备的组成比较单一，储备方式偏重传统手段

问卷数据表明，目前人们的养老资金组成主要是退休金，包括两种情况：社保提供的养老金和非社保提供的退休金（见3.3.12），访谈数据也印证了这一点。在现有养老资金的主要储备方式方面，调查问卷和访谈也显示了相同的结果（参见3.3.20），即除加入社保外，银行储蓄、理财和商业保险是人们进行养老资金准备的主要方式。基金也成为紧随其后的金融投资选择，再次是投资房产，但股票、贵金属投资等高风险的金融产品占比较低，访谈数据还显示，目前基金产品已经开始被部分民众接受，但占比不高（见表3－3）。

表3－3　养老资金组成

资金组成	选择人数（人）	占比（%）
社保养老金	33	41.25
银行储蓄或理财	32	40
商业保险	26	32.5
房产	12	15
基金	3	3.75
股权投资	2	2.5
其他	3	3.75

从养老资金的组成上看，社保提供的养老金是人们依赖养老的主要资金来源，而传统的银行储蓄（含理财）是人们常用的储备资金的方式，这与国民历来的财富存储和积累习惯有关。类似地，《中国养老金融调查报告2017》（董克用和姚余栋，2017）在对养老投资/理财方式调查时也发现，调查对象偏好最大的依然是银行

存款或银行理财，其次是商业养老保险产品，再次是购买股票或基金，之后是购买房产。这一现象在多个已有调查研究中也都有同样发现，如清华大学、同方人寿所做的《2016 中国居民退休准备指数调研报告》也指出，六成以上的人将银行储蓄作为主要的退休收入来源；国家统计局数据显示，我国国民总储蓄率 2015 年维持在 47.9% 的高位，在世界上长期处于领先地位。对于人们偏好选择传统金融产品的原因，已有的研究发现主要与养老投资理财的安全性、收益水平、灵活性、理财费用、金融机构信誉、投资门槛和税收优惠等几个方面有关（董克用和姚余栋，2017），如图 3－31 所示。可见，在确保金融资产安全性的前提下，追求较高收益和灵活性，以及较为低廉的理财费用是国民选择养老投资理财的主要影响因素。

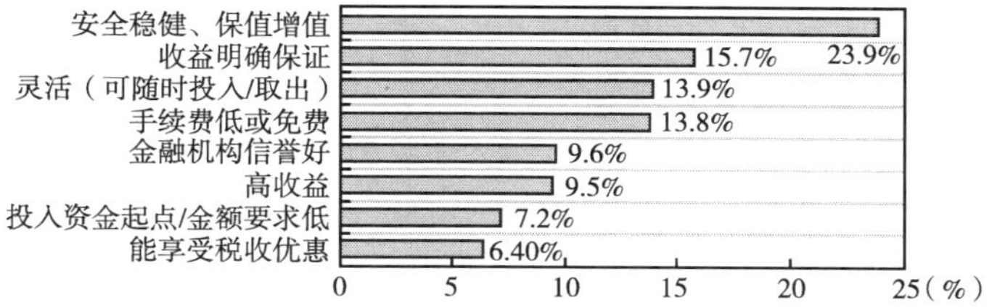

图 3－31　养老投资理财决策的影响因素

资料来源：中国养老金融调查报告 2017。

人们对于传统金融产品偏好的另一个原因就是，人们对于风险较高产品的了解和接受度还不是很高，因而对投资高风险的产品涉猎少。这表明人们对专业性强，高风险的金融产品态度谨慎。访谈结果证实了这一点。

“国家每个月都会给我们发放 1000 多元的社保基金……我会选择把闲钱存入银行里……我自己又额外地购买养老保险。……至于银行的存款产品，我觉得它的利息偏低了，但是我觉得作为老年人我们的积蓄存在银行还是首要选择，因为我们觉得银行是

最安全的。”（访谈对象50）

“银行里有固定的存款和房产……在建行购买了理财产品和基金。中国人寿，中国平安的养老保险，大病保险，意外险等。”

（访谈对象20）

“首先这几大块儿，类似于银行，保险，基金公司或者金融公司，可能我们会优先选择银行和保险公司，因为从老百姓资金安全的角度来讲，可能更加信赖银行和保险公司，而且大多数选择的也是国有银行，国有保险公司……基金公司它提供的产品和服务相对银行和保险的风险更大一些，所以老百姓在选择层面上就基金公司从国有、私有来区分，如果不是特别懂行的人，大多数人对基金公司都会持有否定的态度，所以人们更多会选择在银行和保险公司来购买养老的一些金融产品和服务。”（访谈对象46）

选择传统的金融产品的原因主要与我国金融市场发展起步晚、发展不成熟有关。我国金融市场自新中国成立后长期只有一家银行——中国人民银行——兼具中央银行和商业银行的功能，直到1995年《中央银行法》和《商业银行法》相继出台才成立了工、农、中、建四大国有商业银行，之后在又陆续探索成立了股份制银行和城市银行等；而保险公司的出现也是到了20世纪90年代，成立之初以至随后很长的一段时间都以人寿保险和财产保险种类为主；同期，证券市场也尝试在国内发展，期间股市起伏跌宕，暴露了国内的证券市场的机制不完善和不成熟；基金公司、信托公司的出现则是在保险公司和证券公司出现之后，才逐渐成立和运作起来；21世纪开始后，各类金融公司在金融市场进一步放开的形势下也迅速大量成立，但破产倒闭，甚至诈骗投资人资金，携款逃跑的也不在少数。由于国内金融市场起步晚，国人对金融市场和金融产品与服务缺乏足够的了解；加之，国内金融市场发展中带有很多问题，造成了人们对一些高风险的金融产品和服务比较恐惧，不懂或不敢进行投资，自然也不会将其作为养老资金准备的主要方式。

访谈中我们还发现，人们对于商业保险的接受和购买比例也比较高，而且主动选择的比例也很大，有父母在子女尚小的时候就为孩子购买了保险，也有子女帮助父母选择、购买，甚至出资为父母购买商业保险。这些现象与过去20年来国家积极推广保险服务，各保险公司积极推广保险产品有关，大大提高了人们对保险的认知和接受意识。

另外，虽然人们在进行养老准备时并未把投资房产作为今后的养老资产储备，但自有房产也可以是人们在养老资金方面的重要组成部分。目前，我国居民财富的65%是房产资产，可见房产在民众财富中占有相当高的比例。过去20年房产市场的繁荣发展使房产价值增长迅猛，房产变现后可以为养老需求提供可观的资金，成为养老资金的主要来源之一。但同时也应注意，房产市场存在比较大的不确定性，未来房产价格的走势会影响人们养老资金的充裕程度。而且，传统观念的影响也使“以房养老”难以在大范围实现。

3.4.2.2　养老资金准备缺乏长远和科学的规划

访谈结果显示，有30%的受访者还没有进行养老资金准备。而这一比例远远低于调查问卷的结果，即约六成（见3.3.19）。这一差别与两个样本人群的年龄组成有关，调查问卷中30岁以下人群占总样本的32.1%，尚没有准备的人群占比较高。访谈中受访谈对象年龄多在30～80岁，因此该选项的回答比例要低于调查问卷的结果，访谈结果可以帮助我们更好地了解对这一问题反馈的背后原因。访谈数据显示，关于没有进行养老资金准备的原因大致有以下几种。

第一种情况是一部分人认为加入社保后将来有养老金，因此养老有保障，因此不太需要特意准备养老资金。以下几位访谈对象的想法比较有代表性。

“自己的话应该用不上（存款），因为我们都是职工嘛都是有养老保险的，相对来说基本不缺资金。”　（访谈对象9）

“不用准备，是机关工作人员，国家已经帮忙交了养老金，待遇很好，暂时不需要为养老资金做准备。” （访谈对象34）

“我们在养老资金上暂时还没有准备，因为在单位里，单位为我们购买了五险一金，我认为能保障我们的生活，基于退休后的生活也得到了保障。” （访谈对象44）

这些反馈透露出，对于那些退休前工作单位效益和保障比较好的人来说，社保提供的养老金比较充裕，可以满足他（她）们的老年生活所需，因此这部分人群在养老资金准备的问题上并未感到压力和紧迫性。

第二种情况主要是目前家庭生活需要很多的花销，或者事业上还需要很多投资，因此把资金主要用来生活和投资，尚未顾及为将来养老进行准备。如以下几位访谈对象的反馈：

“目前的话嘛，有这个（准备养老资金）想法，但是还没有实践，因为你知道，刚刚说过了，（钱）大部分用来开店了，所以说现在是心有余而力不足。” （访谈对象1）

“没有，没有存款。……挣得钱不够花。需要花钱的地方太多了。” （访谈对象32）

“暂时还没有，暂时的生活压力还比较大。……现在公司给的养老金还是很少的。” （访谈对象39）

“像我们现在所处的年龄，正是上有老下有小的阶段，子女普遍还在上大学读书的时候，暂时都还没有考虑这个问题，就是说暂时还没有养老资金的准备。” （访谈对象45）

“目前来说还没有为养老金做资金上的准备，主要原因是目前来说我暂时将更多的资金用在了生活开支上以及家庭成员的一些开支上，就没有为养老做更多的考虑。” （访谈对象46）

这种情况表明目前对于这类人群应付现有的生活是主要的，在收入有限的情况下，或者把资金用于投资的情况下，为今后的养老准备资金还不能摆在主要的位置上来。据《中华人民共和国2017

年国民经济和社会发展统计公报》（国家统计局，2018）的统计数字，2017 年全国居民人均可支配收入为 25974 元，月均为 2164.5 元；同期人均消费支出为 18322 元，月均 1527 元，每月平均剩余 637.5 元。3.3.8 的调研数据显示，目前多数家庭的每月能负担支出在 6000 元以下，且主要集中在 4000～6000 元，这些数字说明，从总体上来看，目前我国国民的人均收入水平只是基本满足了人们的日常开支，能用于养老储备的资金很少。

第三种情况主要是一些人认为自己还年轻，还没到考虑准备养老的时候。

“没有这个想法，没有想得这么远。”（访谈对象 53）

“没有（准备），太早了没想过。……过三五年，孩子慢慢大了以后吧。”（访谈对象 72）

以上的想法在 20～30 多岁的人群中比较普遍，但这样的想法在年龄较大的人群中也不鲜见，例如一位 42 岁的访谈对象表示：

“目前啊我初步的想法是把每月的收入拿出一部分来储存起来，以后再拿出来用。或者呢，把它用来购买年金，到时候在每月返还一部分吧。但是目前也就是有一个大概的想法吧，具体的还没有想得太多太具体。因为目前的打算就是先把日子过得好点，然后再过一段时间在开始准备“养老”的问题。”（访谈对象 1）

另有一位 43 岁的受访者也表示了类似的想法。

“暂时还没有准备，具体还没有想好，觉得还早呢。”

（访谈对象 25）

还有一位 52 岁的访谈对象说道：

“目前还是投资阶段，要去干。所以养老的事情呢，因为有养老金嘛，就没把它放在心上。”（访谈对象 14）

还有一种类似的情况是对养老的问题缺乏主动准备的意识，甚至并没有在意养老问题。

“没有准备，也没有关心这块。”（访谈对象 18）

“没有，因为就我个人而言，我没太有买保险的意识，而且我做着个体的生意。” （访谈对象64）

以上没有进行养老资金准备的情况反映出几个方面的现象，一是目前我国社保养老金的保障功能发挥良好，多数人认为社保提供的养老金能够满足其现在和未来的基本生活；二是目前人们的收入还处于主要满足基本生活需要的水平，并没有更多的资金用于储备养老；三是一部分人，主要是年轻人，甚至也包括一些中年人，对养老准备认识不够，还没有树立起年轻时就要为养老做准备的理念，没有提早进行有计划的养老储备。

值得注意的是，除第二种情况下人们缺少资金进行养老准备外，在没有进行养老资金准备的人群中，一些人是缺乏“有计划”和“有目标”的准备，他们根据现在的收入和消费水平乐观地认为将来养老应该没有太大问题，但并没有清晰的需要所少数额的概念，如第一种情况；还有些人并非没有资金准备，如第三和最后一种情况，他们只是没有把自己的资金就养老问题做长远的规划，这两类情况都是一种缺乏“计划性”养老资金准备的情况。

调研结果同时还显示有68.75%的人已经为将来的养老做了准备，准备的主要形式一是加入养老保险，二是储蓄和理财，三是保险，另外还有投资基金、股票，购买贵金属、股权投资、房产投资和其他固定收益类投资等。以下几种说法比较有代表性。

“现在的确已经有了养老资金的准备了，主要是这个公司赡养……养老保险，还有就是自己以后总会有存款，这部分用来留着以后用。……当然也不排除以后会不会有新的准备。”（访谈对象2）

“（有）养老保险，自己也买了一些保险和银行理财产品。”

（访谈对象59）

“准备了，我每月有退休金，银行储蓄，投资银行的理财产品，投资了房产，还有金子。” （访谈对象33）

“现在的话对养老资金还是准备了的，毕竟我们现在都有工作，工作的话公司还是为我们购买了五险一金的，这里面也包含了养老金，对以后的养老还是起到一定基础作用的，在这个基础之外，我们自身还是会往银行里面存钱做准备，如果打算平时生活需要的话，我们会选择活期存款，为了以后长期的打算，也会选择一些银行定期存款和理财产品相结合的模式，如果资金多的话，在股市方面也会炒一点小股。”（访谈对象 47）

值得注意的是，在表示已经有了养老资金准备的人群中，他们所准备的资金并非全部用来养老，还需用于很多其他开支，包括为父母养老做的准备和儿女婚嫁和将来养老方面的准备，也就是说他们所谓的“准备”是一个笼统的概念，基本是指家庭所有的金融储备，并非专门指“养老储备”。正如部分受访者所表达的：

“资金的话一部分还（房屋）贷款，一部分用于生活，（包括）孩子读书的费用，老人养老的费用；还有一部分，存入银行；极小的一部分，用来购买理财产品。”（访谈对象 3）

“现在的资金还是攒首付（为儿子结婚需要）买房子。”

（访谈对象 7）

“保险是给孩子买的分红保险”（访谈对象 3）

“我感觉（养老负担）是比较重的，因为首先养老呢，一个首先是我自己的养老问题，再有一个就是孩子的养老问题。……所以我觉得养老的负担还是比较重的。”（访谈对象 8）

“我们这个年龄呢上有老下有下，就是自己得比较累；而且还得把自己健康保证了喽，还得自己能挣得钱，就是资金方面得有保障。所以就是给老人，买一些那个……投入一些（防范）疾病啊意外的保险；给子女呢，投入一些保险；还有给自己买一些理财。”（访谈对象 5）

从调研数据中我们发现，目前多数人已经开始针对养老进行了资金上的准备，准备方式以传统金融产品为主，但同时我们也发现，人们在所谓的养老准备上其实并没有清晰的资产配置，更多的是“能攒多少攒多少”的一种资金的积累，对于今后有可能需要多少资金才能满足养老需求，大多数人都没有清楚的认识。这种现象背后的原因一方面是因为未来的不确定性让人们很难预测未来的资金需求，如通货膨胀的影响，是否生病和需要特殊照护等；另一方面也说明目前人们在养老准备方面还处于比较粗放式的管理，缺少对这方面较为专业和理性的资金准备。

3.4.3 养老资金准备与养老需求之间存在缺口

问卷调查对50岁以上被调查对象询问了“现有的养老资金储备是否满足您的养老需求?”，通过对问卷调查数据进行统计我们发现，目前在家庭的养老资金准备和养老需求之间存在缺口，人们的养老需求无法得到较好的满足（见3.3.7～3.3.9）。这一情况在年家庭收入在3万元以下和3万～8万元的家庭中尤为突出，占比均超过半数，如图3－32所示。

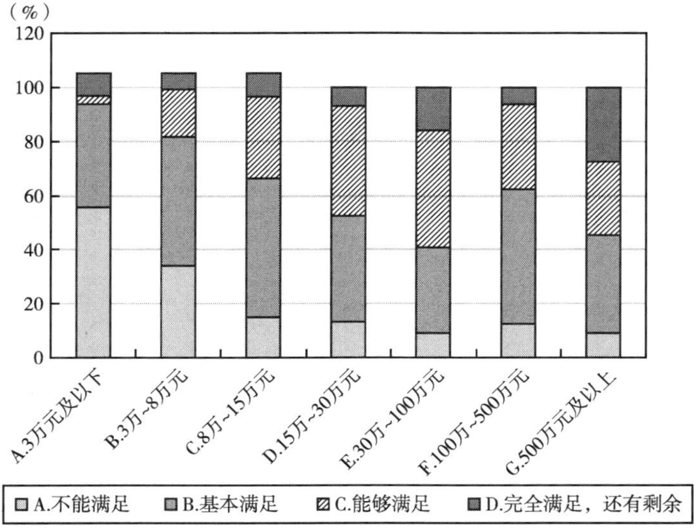

图3－32 不同家庭年收入人群养老需求的满足情况

访谈结果[①]显示有近半数的人认为目前的养老资金储备能够满足养老需求，但33.75%的人表示不能满足，还有1.25%的人认为勉强能，而16.25%的人不确定是否能满足，见表3－4。

表3－4 访谈对象对养老资金是否能满足养老需求的反馈

	能够满足	不能满足	勉强能	不好说
您现在的养老资金是否能满足您的养老需求？	48.75%	33.75%	1.25%	16.25%

访谈数据进一步向我们揭示大病医疗和可能的特殊照护是人们最为关心和担心的养老需求，虽然有48.75%的访谈对象表示自己的养老储备能够满足养老方面的需求，但多位受访对象同时也表达了自己对未来养老的主要担忧是在遭遇大病时需要大笔医疗费和请特殊照护时，自己的养老资金无法满足需求。

“最怕的就是生病，这一块就是最大的开销了，其他方面还可以。我们现在面临最大的（问题）就是重疾。正常生活没啥问题。”

（访谈对象16）

“要是有（得了重疾，需要请照护）这种情况，我估计会紧张的。因为要生活，要是再想请护工的话，肯定是（不够）。”

（访谈对象12）

“没有大病大灾的情况的是可以的，能够满足正常生活的需要，我们现在没有什么大的开支……现在也很担心老了以后生病或者年龄再大一点不能动了之后的养老问题，需要雇人照顾或者大病医保有些保证不了消费。” （访谈对象57）

“不能满足。我的职业是一名护士，工资一般，还要还房贷，剩下的就屈指可数了，加之我在医院看到一批又一批老人来看病，

① 该访谈问题针对的是全部访谈人群，即年龄段从20多岁到70多岁；而调查问卷通过逻辑设计，这一问题只面向50岁以上的调查对象。

我也是很担心我的晚年生活。” （访谈对象61）

在现有的国家福利制度下，医疗支出尚不能完全由国家福利负担，即便是有社保提供的医疗保险，人们还必须自己负担一部分医疗花销，而这笔花销相对于很多人的收入和资金储备来讲还不是小数目，因而不得不成为人们的一个主要担忧，同时也是养老资金无法满足养老需求的一个主要点。

在3.3.8的分析中我们看到，多数被调查人群每月能支付的养老资金集中在6000元以下，这样的资金数额仅能满足人们日常的衣食住行和基本医疗的支出，对于老年人日益需要的养老院开支和照护需求，这个数额是无法很好地满足这一需求的。2017年，各地养老院的收费标准根据提供服务的不同分为中低端、中高端和高端等不同标准，价格分别为每月3000元以下，4000～8000元和8000元以上（兴业证券，2017）。对于需要特殊照护的老人，价格每月比一般入住价格要高出2000元甚至更多，如果单靠老人自己的养老资金恐怕难以负担。对于月均养老资金低于2000元的人来说（占比23%，见3.3.8），这样的收费，他们更是只能望洋兴叹。即便对于负担能力超过家庭每月万元的人来说，想住进设施完善、服务优良的养老院也不是件容易的事。如入住泰康之家养老社区，需要缴纳入门费20万元，根据所选户型交乐泰财富卡100万～300万元、月费6000～19400元不等，以及每人每月餐费1800元等。虽然入门费和乐泰财富卡费可以退还，但这无疑会把很多老年人挡在门外。访谈中，很多受访者也表示了目前的收入可以应付日常花销，但如果将来生病，需要护理服务等，现有的资金就很难应付了。

“目前的资金来看，大病，请保姆，旅游方面（不能满足）。”

（访谈对象13）

“现在看起来可以。……（将来得了重病，需要请护工）这可能就满足不了，得靠儿女了。” （访谈对象17）

“将来的情况谁也说不清楚，如果身体健康的话应该是没问题的，如果身体出现急病的情况……这个就不好说了。然后从资金的角度看……我觉得准备的还是挺充裕的，只要没有太大的疾病的话应该没问题。”（访谈对象3）

“以我现在的退休金将来做这些，可能就紧紧巴巴。比如说看病，国家给报一部分，但是不全报。比如慢性病，就得自己负担。所以负担还是有点重的。”（访谈对象14）

“最怕的就是生病。这一块就是最大的开销了，其他方面还可以。我们现在面临最大的（问题）就是重疾。正常生活没啥问题。”（访谈对象16）

对没有参加医保的人群来讲，医疗方面的花销是他们在养老时更为担心的一个方面，访谈数据也充分表明了这一点。

“如果说‘无法满足的养老需求’，我觉得吧，应该主要是医疗这一块，现在看病比较贵，没有医保。”（访谈对象1）

根据对被调查人员家庭每月能负担的养老资金和实际需求的养老资金数额的交叉分析来看，这两者之间存在较大差距，见图3-33。

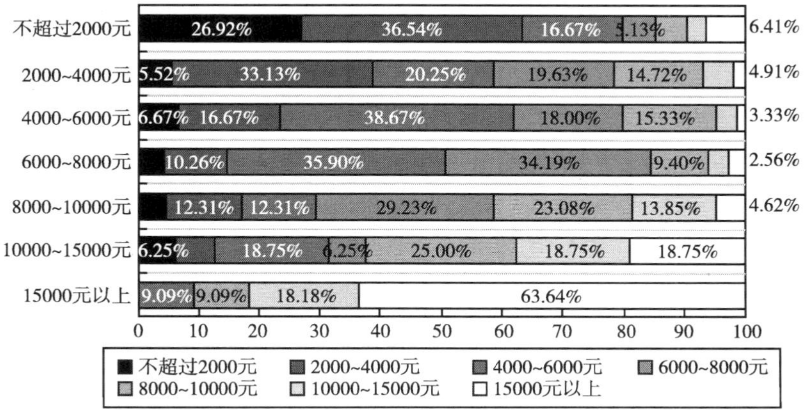

图3-33 养老资金负担能力与需求之间的交叉分析

交叉分析显示（见表3－5），人们对于每月所希望的养老需求可以满足情况与其月负担能力之间的关系是，越是月负担能力差的群体，其希望的需求可以满足的程度越低。在家庭月负担能力为2000元以下的人群中只有26.92%的人可以满足其希望的需求，在月负担能力2000～4000元的群体中有38.65%的人可以满足其希望的需求，这一比例基本随着月负担能力而上升，直至在15000元以上的群体中其希望的需求基本都能够满足。这说明，低收入群体在养老资金上的缺口要高于高收入群体，这符合我们的基本认知，但这一结果告诉我们，在发展养老服务金融的时候应该把低收入群体的金融需求作为我们考虑的重点，以帮助他们更好地满足养老需求。而在第2章中的调研发现，金融机构目前的着眼点主要在高收入群体和高净值人群，低收入群体的养老服务并非它们关注的重点，这就存在需求与供给的矛盾。

表3－5　不同月负担能力人群满足其希望的月需求金额的情况

月负担能力（元）	满足需求的人群比例（%）	数据组成（%）
2000以下	26.92	26.92
2000～4000	38.65	5.52＋33.13
4000～6000	62.01	6.67＋16.67＋38.67
6000～8000	84.62	4.27＋10.26＋35.9＋34.19
8000～10000	81.55	4.62＋12.31＋12.31＋29.23＋23.08
10000～15000	81.25	6.25＋6.25＋18.75＋6.25＋25＋18.75
15000以上	100	9.09＋9.09＋18.18＋63.64

正如《中国养老金融调查报告2017》（董克用和姚余栋，2017）的研究结果显示：不同年龄段群体现有养老资产储备大都没有满足预期，其中60岁以上的人群有81.9%的人未达到预期，占比相当

高，如图3－34所示。由此可见，国民在养老服务金融方面的需求潜力还是很大的，但这类需求需要给予合理的养老观念灌输和专业的引导。

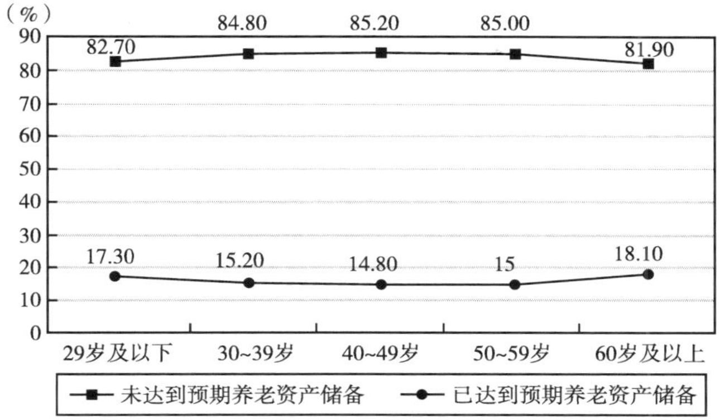

图3－34 不同年龄段群体已储备养老资产对预期养老金额需求的满足情况

资料来源：中国养老金融调查报告2017。

在养老资金的来源方面，访谈数据还表明，即便是已经加入了社保的人群也认为仅靠社保提供的养老金来满足养老需求是不够的。如部分受访者说道：

“这个（光靠养老金）应该是不可以的，以后会选择（投资）其他的（金融）产品。” （访谈对象23）

“（不能够满足养老需求）还是因为工资低，开支大，所以只能拿出（每月收入的）20%，要是再拿多的话，其他的开支就有点紧张。” （访谈对象13）

这一数据反馈说明，广大国民还是希望在社保养老金之外能有其他途径的养老资金来源，并且他（她）们希望通过金融手段来实现养老资金的增加。因此，这表明了国民中存在大量的养老服务金融需求，给金融机构提供了养老产品供给的基础，也应成为金融创新的动力。

3.4.4 家庭互助在养老过程中占有重要地位

3.4.4.1 子女帮助成为养老资金缺口的主要解决方式

针对养老资金缺口的问题，问卷调查数据显示，有43.5%的人在养老资金方面得到过别人的帮助（见3.3.10），而资助者中65%是其子女（见3.3.11），这说明在养老资金存在缺口的家庭中，子女是养老资金缺口的主要补贴者，子女资助父母进行养老是比较普遍的现象。这种现象的原因一方面是我国传统的“孝道”美德体现；另一方面也是养老资金存在缺口的现实选择。子女在面对父母养老需求不能得到满足的时候往往会主动给予父母力所能及的帮助，帮助的金额多数集中在每年1000～3000元（占比28.1%）和3000～5000元（占比25.8%）。

一位71岁的受访者表示：

“我们这个年龄我的兄弟姐妹都相继去世了，所以也没有什么帮助了，主要是靠我的女儿和儿子们，他们的帮助是最多的。比如我生重大疾病或者是钱不够用的时候他们都会第一时间站出来帮我，我的生活开支也是他们在负责，这样下来我有闲钱的话就会把它存进银行，存进银行一是为了我以后生病时的准备，二是为了万一我的子女以后有困难我也可以把钱拿出来帮助他们。主要的形式就是他们给予我现金，或者在我生病之后报销不够的情况下他们来贴补我。”

（访谈对象50）

从访谈中我们也发现，多数子女对父母的资助是在过年过节或者老人生病等有特殊需要的时候，是较为随意的行为，较少人会定期给父母一定的赡养费。这种现象与如今的父母多数有养老金收入有关，父母在平时花销不多的情况下自己能负担日常所需，在有大额支出的情况下子女通常会给予资助。同时我们还发现，父母也愿意将自己的存款用于子女的需要，体现了一种家庭成员互助的精神和情感。

同时也有很多受访者表示自己给父母养老做了准备。例如：

“给老人，买一些那个……投入一些（防范）疾病啊意外的保险。”　　（访谈对象 5）

“因为老家父母不是农村的嘛，相对而言我有个计划，就是基本每个月都固定地存 1000 块钱，存 5 年的定期，就是为了应付将来农村父母老了的话万一资金一时不足的话……”　　（访谈对象 9）

多子女家庭在资助父母养老方面会采取共同资助和帮助的方式，体现了多子女家庭的一种优势，如一位受访者所说：

“你看我们这个年龄我们家……父母有病的时候就是兄弟姐妹谁有时间谁去陪伴，就是护理；然后钱，大家可以共同地筹集，这样就可以减轻彼此的压力。”　　（访谈对象 5）

访谈数据反映了一个普遍的社会现象，即在我国子女会以出钱出力的方式帮助父母养老，且多数是主动和自愿的行为。从主观上来讲，这是子女反哺父母的孝道表现，是子女表达对父母关爱的一种方式；从客观上来看，这样的做法确实能解决一部分老年人养老资金不足的现实困难。这样的传统为我国鼓励提倡家庭养老提供了良好的社会认知和道德基础，在当前以致很长一段时间的将来，在社保养老基金存在不足的情况下，鼓励家庭成员之间互助养老是一种值得考虑的举措。

3.4.4.2　父母出资为子女将来未雨绸缪

在访谈中，我们了解到更多的家庭中父母还会提早为子女将来打算，为他（她）们做资金上的准备。这种准备主要是以为子女购买保险的形式，如访谈对象 3 和访谈对象 5 所说：

“给孩子买的分红保险”　　（访谈对象 3）

“给子女呢，投入一些保险”　　（访谈对象 5）

采访数据表明，有很多的家长对孩子未来的养老问题非常关注，并且开始为其做准备。

“孩子的养老保险处理必须得在他年龄越小的情况下越少，得

到的回报越大。所以说我必须从他小的时候，就是现在，已经开始投入了。”（访谈对象7）

家中有尚未结婚的子女时，有的父母还努力为子女将来结婚准备买房，担负着为子女将来成家准备积蓄的重任。

“现在还不敢说养老，儿子还没结婚呢。等把他们安顿完了，那才能轮上自己。”（访谈对象16）

“未来的资金就是付首付，（为儿子）买房子。”（访谈对象7）

“我得为子女的结婚呢、工作呢这块有一部分的固定资金，这是一个专项，就是说专款专用。”（访谈对象8）

“还有很多需要花钱的地方，比如为了孩子以后的结婚生子……”（访谈对象31）

“我还要给我的孩子买房子娶媳妇，所以攒不下什么钱的。”（访谈对象32）

我国是一个特别注重“家庭”文化的国家，子女孝顺父母与父母疼爱子女是长期形成的传统文化，特别是自20世纪70年代开始，延续了40多年的计划生育政策形成了全国近2亿个独生子女家庭，并形成了独生子女家庭文化。一个主要的表现就是父母对子女强烈的疼爱和宠爱，因此，父母会在各方面为子女尽可能地提供最好的条件和做最好的打算。父母为子女无条件地付出是这种文化中的一个很普遍的现象。因此，部分父母从子女的幼年时期以至青年时期一直在为其做资金上的长远打算，这也成为他们在资金准备中的主要内容，自己的养老储备往往是在完成这些目标之后才开始考虑的内容。父母在自己青壮年、收入较高时会无条件地为子女提供经济支持，满足其当下和将来的需求，相应地，子女也应在父母年迈、收入下降时为父母提供经济支持，满足父母养老的需求。

3.4.5 需求端对养老服务金融的诉求重点

在被问及“您认为金融机构（含银行、保险、基金公司以及其他金融公司）现在提供的产品和服务是否能满足您的养老资金准备需要?”时，受访者的反馈如表 3－6 所示。

表 3－6　访谈对象对金融机构现有产品和服务是否能满足养老需求的反馈

	能够满足	不能满足	不了解	不需要
您认为金融机构现在提供的产品和服务是否能满足您的养老资金准备需要?	46.25%	20%	31.25%	2.5%

在回答能够满足的人群中，人们主要认为现在国内的金融机构多，而且发展快速，产品丰富，因此能够满足自己在养老资金储备上的需求。多位受访者表示：

“能够满足，目前市场上的金融机构所提供的产品和服务种类繁多，给了我们消费者更多选择的余地，也降低了未来的养老风险。”
（访谈对象 63）

“现在的金融机构已经足够的多了，产品种类足够丰富了，可以满足我们的需求。”
（访谈对象 33）

“我觉得可以的，因为现在这些公司比较多，他们的产品也丰富多样。整体来说保险这方面的行业也在快速发展，涉及的方面也越来越全面。”
（访谈对象 29）

“我认为目前金融机构所提供的产品和服务还是相当丰富的。”
（访谈对象 61）

“就银行而言，他们目前推出了多种多样的产品，让我有机会根据我的个人情况去选择适合我的产品，这就很好地满足了我的养老资金准备。”
（访谈对象 64）

“能满足。对我个人而言，我能从目前金融机构中，找到最适合我的那一种我已经很满足了。当然，新产品与服务还会随着时代的发展变得更好。”
（访谈对象 65）

“能够满足。随着我国市场经济的发展，我国金融机构不断创新，紧跟时代步伐，满足了客户及消费者多种需求，于我而言，针对我的家庭及个人情况，我也接受了许多我感兴趣的服务。”

（访谈对象 67）

以上反馈说明，目前我国金融机构提供的服务和产品能够满足近半数群众的养老资金储备的需求，并且这些人们对金融机构预期的发展和提供的产品与服务也持积极乐观的态度。在这类受访者中，一部分人认为除了退休金（养老金），银行储蓄、理财和保险公司的保险已经足够他们理财所需，对其他金融产品并没有主动的需求。这种积极肯定是我国 20 多年来在金融领域不断改革和发展的结果，客观地反映了目前我国金融机构在积极服务人民金融需求方面所做的努力和成果。

在认为“不能满足”“不了解”和“不需要”的受访者中，他（她）们的回答则反映出现有金融服务存在的问题，即便是认为现有金融产品与服务能够满足他们养老需求的人群中，也普遍存在一些意见。访谈中的另一问题：“您认为金融机构目前在养老金融服务方面存在哪些不足?”对受访者对目前金融服务的看法做了进一步挖掘，受访者也纷纷从不同角度提出了意见或建议。

访谈数据表明，目前人们对金融机构所提供的产品和服务存在比较多的意见，主要集中在以下几个方面。

3.4.5.1　人们对养老产品和服务方面的认知较低

访谈数据表明，人们普遍对如何管理养老资金不了解，甚至对目前的金融机构提供的产品和服务都有哪些和它们的具体内容也不是很清楚，这一点我们在 3.3.17 的统计中也可以看出（有 50.9% 的被调查者认为没有熟悉的理财方式）。认知度相对比较高的金融产品主要有储蓄、银行理财和保险，这与之前的调查问卷分析一致（见 3.3.18 和 3.3.20），对于其余种类的金融产品和服务多数受访者都表示不了解。

“这个我还……不太了解。……没有特别了解过。”

（访谈对象3）

“这方面我不太了解，我没有购买任何这方面理财产品。”

（访谈对象12）

“我主要是保险了解的多一点。”（访谈对象2）

究其原因，很多受访者表示金融机构对产品和服务的宣传少，以致人们对其了解的机会少，如多位受访者表示：

“这方面我还没有过了解，因为最近没有做具体规划而且我们这里的银行对于这种……理财的产品吧，宣传比较少。一般没有宣传的话，我就了解得少点……宣传少，你不可能每家每户都到期去了解一下，而且很多人他不懂这个。”（访谈对象1）

“比如说我入的保险方面都是有新华啊、平安啊、人寿啊，也是有许多同学他们在做这种保险，他们经常找到我。可是这个金融机构，什么基金啊、证券啊，没有人找过我，都是我自己去跟银行咨询，这个我觉得以后是不是可以，银行什么的也下放一些人，来为我们这些想学习但是对于金融理财知识知道的不是很多（的人），能不能也像保险一样，分配一些朋友来帮我们一下，指导指导。”（访谈对象4）

金融产品和服务具有很强的专业性，而且条款还较为复杂，除传统产品和服务外，对于一些新产品和服务人们普遍不熟悉。由于金融机构对养老产品和服务的主动宣传和沟通不够，因此也很难让消费者，特别是中老年消费者去关注和购买一些相关产品。如受访者43和46所谈到的：

“这个不足我觉得是对于我们老百姓推广的知识方面少了，你看以我自己为例，我今年40岁了，关于金融机构在养老服务这方面的很多知识和很多细节我不是十分了解，即便有也是很片面的了解，也是身边的朋友在转告，而具体的细节和知识了解得是非常非常少的，我希望这些金融机构能大力推广特别是要真实地告诉老百姓这个养老产品或服务的知识，因为我们都不了解，那怎么去购买和信任他们的产品和服务呢？——现在网络很发达，且不说年轻人，包括我们这个年纪的人每次打开电脑后点击的往往不是什么养老服务，甚至只要弹出养老服务提供的这种窗口，我们都会回避的，并不会点进去，所以它对我们的吸引力还不够，一方面是要让他们（金融机构）提高推广度，用更吸引我们注意的方式，比如产品和服务能更吸引我们眼球，让我们也愿意主动地去了解和点击进去看这个产品的内容和条例。”（访谈对象43）

“因为就银行和保险公司的服务和产品应该说我们接触的更多一些，从我们接触的行业来说，基金公司它提供的产品和服务相对银行和保险的风险更大一些，所以老百姓在选择层面上就基金公司从国有私有来区分，如果不是特别懂行的人，大多数人对基金公司都会持有否定的态度，所以人们更多会选择在银行和保险公司来购买养老的一些金融产品和服务。还有的不足之处像我刚才提到的，首先，这些产品普及度不是很高，老百姓不知道到底银行和保险公司有哪些养老金融服务，这个是第一点，第二点的话，就是目前普遍形成一种电子化货币交易以后，人们去到银行的一些时间点机会点会更少一些，包括老年人也是，那么从实际情况出发，更多是一些线上的交易，所以人们对这种纸质信息的获取的话就会更少，到最后发展的情况就是通过朋友的介绍，而且是非常熟悉的人的介绍来实现最后一个买养老保险或者疾病医疗保险的交易，那么其实在这一块儿我觉得也没有看到政府在养老金融这一方面有一些十足的举措，包括我们所谓的社区或者街道办，其实这一点对于我们来说也是不够了解的，我们老百姓是不会主动到银行或保险公司去获取这种信息的，那么社区和街道办这种基层的党组织这一块儿它对我们的关注度也不是很够，再细化到我们居住的小区，小区物业这块其实有相对的增值服务，但是这种宣传并不属于它本身应有的义务，它所起到的作用更多是提醒业主或者是做一些养老知识的宣传简报，小区物业并不会告诉你怎么去选择金融机构和具体哪些产品。所以我觉得这种宣传力度在整个流程中是相对比较脱节的，老百姓是需求端，但他们是处于孤立状态的，所以我觉得这些不足应该是大多数人所理解的一个通病的不足。”　　（访谈对象 46）

通过访谈我们发现，人们对金融产品和服务存在了解的愿望，但目前金融机构对自身产品和服务的宣传还远远不能满足人们的需要。结合问卷调查结果（见 3.3.22 中的统计结果），银行和各类媒体对金融产品和服务的宣传是人们获取投资信息的主要来源，其次是通过朋友，再次是通过亲属介绍，这表明金融机构的主动宣传对于推广金融产品和服务起到最重要的作用，而访谈结果揭示目前金融机构在这方面还缺乏有计划的安排，对产品的宣传和推广不够积极主动。

3.4.5.2　金融产品收益低，难抵通胀风险

访谈数据显示，人们认为目前金融产品收益的收益偏低，担心未来可能的通货膨胀会导致货币贬值，从而使现在看上去还够养老的养老资金届时将无法满足养老需求。

访谈数据显示，人们认为目前金融产品收益的收益偏低，担心未来可能的通货膨胀会导致货币贬值，从而使现在看上去还够养老的养老资金届时将无法满足养老需求。

“我觉得主要还是返利稍微有点少吧……谁也不知道十年以后的事儿，如果到时候通货膨胀得很厉害呢？想到这一点我还是有点担心的，也许到时候钱就不够花了。”　　（访谈对象 2）

“就是银行的利率，理财这个比较低，而且对于养老这方面吧，它的产品比较少”　　（访谈对象 5）

“就保险而言，现在一些保险公司推出的产品形形色色，总的来说我觉得他们的分红或者收益比例偏低了，换一种说法，我们中年人购买商业保险，主要是附带购买相应的医疗险，现在随着年龄的增加，身体状况和以前是两个概念，很多身体就医需要报保险，

但总的来说，他们针对老年人的产品还是返钱比例偏低，等我们真正老的时候，明显是跟不上当时的物价上涨的，以后社会发展那么快，物价也在上涨，人民币也在贬值，我觉得银行也同时存在这个问题，没有切实地考虑到以后老年人面临的现实状况，银行的利息收益肯定是不能满足以后的物价的。” （访谈对象42）

过去40年来，伴随我国经济快速发展的还有持续存在的通货膨胀，人们因而已经形成了对通胀的一种预期，而事实情况也很有可能是这样。而目前人们偏重的传统资产模式其本身就存在风险低、收益低的特点，想跑赢通胀，实现养老资金的保值增值还需要采取多种金融手段，合理配置用于养老的资产。因此，如何通过合理的资金管理和配置，实现人们无忧养老的愿望是金融机构在产品和服务创新方面应该着重考虑的；同时，对广大民众进行金融知识推广，让大家树立科学合理的资产管理观念也是金融机构和其他相关社会组织应该有所作为的方面。

3.4.5.3　产品单一，缺少养老特色产品

各金融机构缺少有针对性的养老特色产品是人们普遍认为的不足。

“理财产品上还比较单一，你看理财方面一般都是债券理财、货币理财……都是这样的理财，没有关于养老方面的理财的，我认为在这方面有个小的欠缺，养老理财在理财产品上应该拓宽一些。”

（访谈对象10）

“对于养老这方面吧，（银行）它的产品比较少。” （访谈对象5）

“我感觉现在的有一些养老的保险品种比较单一，不太适合于现在作为有一个独生子女现在这种大社会团体。” （访谈对象8）

人们希望金融机构能增加针对养老方面的特色产品，并能提供有关投资理财的专业指导。

“可以提供一些更加有针对性的产品，针对养老，更加实惠的产品。” （访谈对象31）

“没有专门针对养老的产品，各家的产品都是差不多的，有针对性的比较少。” （访谈对象 33）

这位受访者还指出：

“对于非专业人士的指导不到位，没有合理成体系的指导。我们对于投资也比较迷茫缺乏，缺乏全面的认识吧，总是不知道各家机构之间的区别，我们又应该分别投资于什么样的机构。”

（访谈对象 33）

有的受访者还提出了他们的建议，如人们希望保险产品应更多的针对老年人的需求提供保障，而不仅仅以寿险和意外险等项目为主。

“就保险机构来说，我也买了一些他们的产品，就我所了解到的，我觉得他们在报销保险这一块儿设置的条款还是很清楚细致，也是征求本人意愿的，如果他们能把报销范围在扩大或者针对老年人的情况再划分细致一点，除开基本意外事故，生老病死，再附加条款来保证老年人的利益就更好了，并不是说只要什么重大伤亡，就是说赔付这一块儿，能做得更细致就好了。” （访谈对象 42）

自 2001 年我国正式加入世贸组织以来，我国的金融行业已经有了一定的发展和进步，目前各家机构也纷纷提出了一些跟养老有关的产品和服务，但限于这些产品开发缺乏很好的针对性，也不能真正迎合民众养老中的迫切需求，所以使民众对现有金融产品和服务满意度不高；另外，民众希望得到专业的指导和服务，以帮助自己做出更合理的资金和资产的管理决策，而目前金融机构提供个性化服务的对象主要是高净值人群，对于一般客户尚没有此类服务，因此需要改善。

3.4.5.4　投资门槛高

一些受访者反映一些金融产品投资资金要求起点高，普通人根本没有机会投资。

“银行，他们的产品很多，而且都是起点太高，像如果没有这

么多钱就不适合投资了。”（访谈对象31）

“在保险这一块的金融产品服务上，有的好的保险资金门槛很高，它会设置很多条款来限制你的参保，特别是在一些涉及疾病的医疗保险上的时候，会事先让你去做身体检查或者直接指名需要你身体健康的一个条件，如果检查不过关甚至会出现一个拒保的情况。我想说的是这些金融机构卖这些产品不应该一视同仁的吗？难道说他们只是为了获取利益而不是真正地为老百姓考虑到他们身体的切实情况吗，这种机构的存在只是单纯为了赚钱，那么这种服务机构对于我们老百姓而言又有什么切实的好处呢。我们还是希望这些机构要为老百姓着想而不是单纯为了他们的业绩提成。”

（访谈对象48）

目前的一些养老保险类产品、基金类产品和信托类的产品都设置了一定的最低资金线，动辄百万元起，这样就把普通人群排除在外了。当然，在金融产品的设计上是有客户分类的，但是如果现有的产品只是“嫌贫爱富”，那社会总体效益的改善就无从谈起，金融机构的社会责任也未见担当。因此，鉴于中低收入群体在社会中占很大比例，增加针对中低收入群体的金融产品和服务将是非常有必要的。正如在第2章的发现和讨论，金融机构更多地从自身效益出发，而并非将客户利益和社会效益排在首位，这是商业的本能，但面对当前中国老龄化的现实和政府捉襟见肘的养老重负，商业金融机构也应担负起企业社会责任，从金融产品的设计开发上做出改变。

3.4.5.5 金融产品和服务条款复杂难以理解

受访者中有很多人反映保险、理财条款设置专业、复杂，一般投资者无法清楚其中的利弊得失，中老年消费者对此会望而却步，或者导致错误投资，造成损失，因此这会影响一些金融产品在中老年群体中推广。

“作为一个普通的投资者，最害怕陷入保险公司的投保陷阱。

现在的理财产品，条款分的都很细而且相当专业，如果你一旦需要赔偿的时候，条款与你的实际情况不相符，就会遇到障碍。”

（访谈对象20）

“我不喜欢这些东西，风险太大，而且又混乱、费精力，一不小心就造成损失，对家庭的影响还是蛮大的。” （访谈对象28）

“介绍的产品太复杂，不够简单，可以再通俗一点，适合我们非专业人士。” （访谈对象31）

“还有其他不足就是这些金融机构应该给老年人详细介绍清楚他们的服务和产品信息，包括这些服务和产品的不足都要解释清楚。……我觉得他们的解释工作要做好，给中老年人讲清楚投资风险，解释清楚。” （访谈对象41）

金融产品的条款本身具有复杂性和专业性，不仅是对于老年人来说晦涩难懂，就是非专业的年轻人也不易明白，这就需要金融机构为客户提供专业的指导，用通俗易懂的语言为客户进行解释和说明，特别是对于风险承受能力的老年客户来说，讲明利害尤为重要。由此可见，创新和加强金融机构的专业化指导和服务对于提高养老服务金融水平是非常必要的。

3.4.5.6 高风险产品不受中老年投资者欢迎

某些金融产品风险高，中老年人并不擅长做这些投资，因此容易造成投资损失，或者更多的中老年人直接放弃投资这一类的产品，而是选择低风险、低收益的金融产品。

“基金风险偏高，服务类型单一，收益又不确定，中老年人就不是很适合这种高风险的，虽然有的是高利润，但也面对着高风险。” （访谈对象41）

“我一直在做股票投资，但是一直在亏损。” （访谈对象30）

“有的机构向老年人承诺收益，其实最后是达不到收益要求的，其他主要的不足还有忽悠老年人，事先没有做好老年人的心理承受能力测试，有的老年群体并不适合冒风险投资，很多老年人更愿意稳健做事情，意思就是赢得起亏不起，这些金融机构收益可以不是很高，但是一定要针对老年人做保本型的，不是说老年人不能参与金融机构这些投资，而是说他们不能成为主要人群，有些金融机构的建议并不适合他们，比如股市投资建议，所谓的高风险低收益，让老年人大量购买投资进去后和宣传的是两回事，不赚钱反而亏钱。”（访谈对象41）

投资高风险的金融产品往往需要金融专业知识，这是一般人并不具备的，更何况是中老年群体。但不能因为这个原因就关上了中老年人投资高风险产品的大门，为了更好地实现养老资金的保值增值，高风险产品往往伴随着高收益，是养老资金投资的必要选择。金融机构可以通过吸引更具风险承受能力的年轻人进行此类投资，构成其全生命周期金融规划的一部分。同样，金融机构也可以吸引资金相对富余的中老年群体从事基金、证券、信托等产品的投资，以达到更好的保值增值目的。但如何吸引中老年客户，如何帮助他们进行投资，以克服他（她）们对此类产品的恐惧心理，就成了摆在金融机构面前需要解决的问题。

3.4.5.7 金融诈骗对老年人的投资信心造成伤害

近些年来各类金融诈骗的层出不穷，让普通人难辨真伪，诈骗的对象又多以老年人为主，这些都严重地损害了老年人金融投资的信心，这也从另一个侧面反映出为什么老年人对国有金融结构情有独钟，并且更愿意投资风险低，但收益也低的储蓄、理财和保险等产品。

“我觉得就是现在金融诈骗的很多，金融机构在防范这方面的措施不够，很多老人或者不了解都被骗。而且现都不愿意相信，推销的这些了。”（访谈对象28）

“有些养老理财的这种现象很乱，说得挺好的，真假不知道，没有什么成果，说服力不够，不足以让我去购买。”（访谈对象74）

金融诈骗不断出现的一个原因与老年人缺少适合的投资方式有

关。根据分析我们知道，老年人由于不懂高风险金融产品的运作，倾向于投资低风险的产品，但是收益也会比较低，这样的投资方式很难实现保值增值的目标。由于不满足于低收益的投资品类，一些老年人也希望尝试更高收益的方式，这就给不法分子造成可乘之机。这就督促金融机构应该加快养老产品和服务的创新，推出适合中老年人的投资理财项目。

3.4.6 建立“家庭共享养老账户”具备好的意愿基础

问卷调查发现，有62.8%的子女和61.6%的父母愿意与子女建立“家庭共享养老账户”（见3.3.14和3.3.16），另有32.5%和33%的子女与父母因为对这一账户还不了解而表示“不好说”。数据表明六成以上的受访人员对建立“家庭共享养老账户”是支持的，另有三成的人员认为在此账户能确实带来好处的情况下也会持支持态度。同时，访谈数据也显示多数人对建立“家庭共享养老账户”持积极态度，与调查问卷数据非常接近的是，回答“愿意”的人数占比也占到60%，如表3－7所示。

表3－7 受访对象对于建立“家庭共享养老账户”的反馈

	愿意	不愿意	好的话愿意	不好说	无所谓
您愿意与父母（或与子女）建立“养老共享账户”用于养老吗？	60%	22.5%	12.5%	2.5%	2.5%

值得注意的是，访谈数据同时还反映回答“不愿意”的受访者比例为22.5%，远高于调查问卷的数据（子女和父母中不愿意建立养老共享账户的比例分别为4.8%和5.4%）。对于表3－7中的几种态度，我们通过深入分析访谈内容对其背后的真实想法进行了挖掘。

3.4.6.1 支持建立家庭共享养老账户的态度和原因

超过六成被调查对象（包括问卷调查和访谈）愿意建立“家

庭共享养老账户”，反映出多数人们对这样一个账户持欢迎态度。归纳起来，受访者表达愿意建立这一账户的原因主要包括以下几点：一是父母与子女能共同受益；二是父母与子女可以互助；三是可以由专业人士帮助理财；四是资金安全有保障；五是子女愿意以这种方式感恩回馈父母等。总体上，多数受访者认为家庭共享的养老账户能帮助提高个人和家庭养老投资理财的效率，访谈数据对受访者的支持态度及背后的原因给我们提供了更为详细的说明。

“这个……我愿意，首先我认为这个很好，有共同投资共同受益，共同分享共同担当，如果有这个形式的我愿意尝试。”

（访谈对象 10）

“我个人认为，‘养老共享账户’这个想法非常新颖，市场前途也是非常好的，我赞同这个想法。如果这项产品向市场投放，我会考虑我们家人，请专业的理财师进行市场投资，确保保值增值。” （访谈对象 20）

“以前没听过，但是你要是慢慢介绍的话我会有一个认识，我对这个新概念听起来感觉比较靠谱。”“因为这是个社会平台的话我感觉有保障，有收益。让老年人放心的一个概念。”

（访谈对象 12）

“我想建立这样的账户……因为年轻人他的思维比较超前，投资理财方面，比我们肯定想的多一点，而且灵光一点。虽然我也是国企单位退休职工，但我们毕竟是赶不上年轻人。” （访谈对象 15）

“可以接受的，一小部分的钱是没什么问题的。”（访谈对象 21）

“我感觉不错，好实行呢。” （访谈对象 17）

“我倒是很愿意。……可以互补，谁急用钱的时候谁先用。”

（访谈对象 13）

“在理财有保障，不亏损的前提下，我觉得这还是可以接受的。” （访谈对象 26）

“愿意。一起打理，从宏观的角度，对家庭的理财会有很好的

帮助吧，可以节省自己的时间去了解各家理财产品，这样也可以实现收益最大化。”（访谈对象33）

“愿意，这样可以交给专业人士打理，我们也放心。”

（访谈对象37）

“我觉得建立这种父母与子女共同投资，共同受益的账户的这种模式对整个家庭的帮助还是很大的，比如父母需要养老的时候，我们子女投资的部分老人就可以受益，老人的闲余资金投资进来，子女这一辈以后也可以长期受益的，我觉得这种模式还是比较好的，比较适合推广的。”（访谈对象44）

“我觉得这种方式是非常好的，是非常值得提倡的，作为一家人来说，对老年人以后的生活是一种保障，对我们来说，在子女经济还不充裕的情况下，我们有多余的钱可以先投资进去，等子女金钱充裕时，我们也会让他投，到我们年老的时候可以享受这部分收益，我觉得这种账户是不分彼此的，大家都是一家人，账户里的钱子女们以后也可以享受，我觉得这种办法是很好的。”（访谈对象42）

“首先我自身是非常愿意的，我想大多数人也会愿意的吧，一是我们对自己的父母有一种责任，父母养育我们一辈子，他们老了的时候我们得感恩；二是站在子女的角度，大多都还很年轻，有的刚踏入社会经验不足，可以把自己的资金好好规划一下，这种模式刚好可以帮助管理，以完成他们的资金支配问题，我认为这种模式是非常好的。”（访谈对象45）

“我觉得这种模式还是很好的，因为首先我们是一家人，我可以往里面存钱，我的子女也可以往里面存钱，一家人不用计较这么多，然后这种方式我觉得也很安全，而且他既满足了我的养老也能在日后满足我儿女的养老。”（访谈对象50）

“愿意啊，无论是我的父母还是子女，能把关于养老的问题放在一起进行投资、受益最好不过，这样可以让彼此之间进行互相帮助，也有利于让专业人士把我们的情况进行综合分析，设计出最适

合我们的产品，从而造福三代人！”（访谈对象61）

“愿意。国家目前在大力倡导共享，我们也都有子女，我也非常愿意建立个共享账户，这样能从经济上帮助到孩子，等到孩子有能力了，赚钱了，也能回报我们，这是一种相互的。我们会在有生之年帮助孩子，孩子长大后也能为我们提供便利，加上中国十分重视养老，我觉得这个养老账户非常好。”（访谈对象63）

“愿意。因为我跟我的孩子们之间没太有隔阂，也能相互理解、分担，在涉及钱的方面也能达到共享的境界。跟金融机构所提供的丰富的产品相比，你所研究的这个‘养老共享账户’，能在提供产品与服务方面，更翔实、具体，我们也能获得专门的指点，与孩子们实现共享！”（访谈对象64）

“愿意，我非常愿意。之前我不太了解，如果真有这么一个账户我一定建立一个。就像你说的，在这个账户里，我跟子女能共同投资、共同受益，而且能进行一对一投资服务。我觉得这个‘创新’一定能找到最适合我的一种投资方案，满足我及未来我子女的养老需求。”（访谈对象65）

“首先我是愿意的。刚才你提到家庭成员的帮助，我的孩子还在上学，他们当然对我的帮助不大，如果有这么一个账户让我们共享，我很乐意这种一对一的服务，如果说我的付出能让未来孩子能受益，我是相当支持的，我想很多家长的想法也跟我一样。”

（访谈对象66）

“当然愿意！我巴不得能将我的养老跟我孩子的养老问题结合起来，这样可以一举两得，也了却了我一大心事，加之有专业人士进行一对一服务，我相信这样会把我们共享账户中的资金发挥它最大的价值并让我们彼此共同受益！”（访谈对象67）

“愿意啊！毕竟我们都是亲人，不分你我，如果有这么一个账户让我们有机会共同投资、共同受益，又何尝不可呢？而且还有专门人员进行服务，能让我们这些‘门外汉’能了解更多的相关知

识，挺好的！”　（访谈对象68）

“愿意。我在新闻中也经常看到，如今咱们国家都在大力倡导‘共享’，这个养老共享账户一旦建立，会给我和我的子女带来极大的便利。而且还有专业人员对我们进行一对一的服务，能最大限度地匹配我们的家庭情况，满足我们的养老需求。”　（访谈对象69）

“愿意！‘养老共享账户’这种新理念我儿子也曾跟我提起，我也不以为然看到小伙子你今天竟然也在进行该方面的调研，能让我在不久的将来，跟我儿子他们一起进入这么一个账户中去，共同投资，共同受益，让我们彼此的晚年生活，更幸福！”　（访谈对象70）

这些积极的反馈从几个方面表明民众对于这样一个账户将会给他们带来的好处给予肯定，这些反馈主要反映出几个方面的考虑，一是人们愿意拿出一部分资金与自己的子女和/或者父母共享，体现出家庭成员之间互助的意愿；二是人们愿意并希望由专业人士帮助其打理养老资金，以弥补其在金融知识方面欠缺的问题；三是在信得过的专业机构建立此账户，人们预期会有安全可靠的收益。

访谈反馈中我们发现，子女“孝顺”父母是普遍的现象。受访者26的回答很具有代表性。

“我觉得（家庭互助）还是比较大的，比如说我对我父母的帮助，逢年过节去看望他们，买点礼物什么的，每个月还会给他们点钱，给他们买了保险这些东西。我们的孩子大了也是需要这样做的。”　（访谈对象26）

访谈数据还表明，即便是没有形式上的“家庭共享养老账户”，有受访者已经开始为父母将来的养老进行了有计划的准备。例如受访者9的情况：

“你说的这个啊实际就跟我们想象的这个每月固定地存一部分钱作为将来老人养老的储备金……跟这个功能是一样的，只不过你说的这个可能是金融机构干的事，但是我们这个作为自己家庭……实际上也是做了这个（功能），这个就跟成立了一个资金账户差不多，所以说我起码从2010年就开始每月固定的存1000块钱，这个钱预防将来养老资金不够……我们的养老资金肯定够了，咱们还要预防家庭成员，父母，农村的父母啦或者说岳父岳母啦，是这样来考虑的，所以我觉得成立这样一个账户挺好，既可以养老又可以理财的性质，是这个意思吧？我觉得这个有前景，有一点的市场。……我觉得好多人没有往这个方向考虑，就是走一步算一步，就是到那一天……要是真的父母困难或者父母养老离不开人……好多人没往那个方面想。但是我觉得我是想得比较早的。”（访谈对象9）

以上的数据表明，在我国已经存在事实上的家庭互助养老形式，父母与子女之间在经济上相互帮助，为对方的将来做打算是比较多见的现象，这也解释了为什么多数的被调查者和受访者都对建立家庭共享养老账户表示接受和支持。

综上可以看出，人们对于养老金融理财的主导性想法在于资金的安全、保值和增值，以及家人之间可以共享收益，并在代际形成传承。对于希望这一账户还能享受到的其他优惠并未提及任何要求。

为了更好地摸清这样一个账户可能会存在哪些问题，以及人们是否认为这是一个可行的模式，课题组调研人员对受访者就这一账户可能的弊端和他们的顾虑进行了追问，并请受访者提出他们的建议。对这个问题的回答，呈现出两种不同的反馈，一类是受访者表示出了乐观的心态和信心，另一类是人们确实存在一些实际的担忧。

首先来看一下乐观者的想法，以下几位受访者的说法具有代表性。

“我觉得这种弊端问题不大的，针对家庭来说，每个人都是会老的，我们现在投入的资金也是为了让以后的养老生活更好嘛，我觉得这种模式很好，不会有什么弊端，应该是每个人都能理解的。”（访谈对象42）

“我个人觉得应该是没有什么大的隐患的，毕竟是一家人，出于亲情的考虑也会同意这种模式，中国自古以孝为先，国情下也是很赞成这种模式的。” （访谈对象45）

“我觉得有极少可能就是父母和子女关系不好的情况下，就有可能在账户管理上有大的矛盾和分歧，如果父母和子女不能好好地沟通，产生了矛盾，我估计在账户管理上也不太好实施，有一定的难度。……我觉得应该是不会出现（家里年轻人不愿意或是亏损）这种状况的，我还是很放心的，毕竟这种模式是针对家庭的，我觉得它的风险控制应该以保本型为主的，应该年轻人的分歧也不是很大的，是子女和父母都能接受的方式，因为从中国传统文化来说，亲情是很重要的，都是一家人，如果父母和子女通过这种共同投资，共同受益账户的模式能让彼此的关系进一步地提升和改善，那么也起到了一个双重的作用了，让资金和亲情都得到双重的提升，那么这种模式还是很值得推广的。” （访谈对象44）

以上几位受访者都从亲情的角度上分析认为一家人共享一个养老账户不会造成根本性的分歧，认为中国文化的大背景是家人接受和支持这一模式的基础。另一些受访者也提到了相似的看法：

“我觉得这种模式如果以后实行起来的话我还是很赞同的，从家庭的观点出发特别是对于母子母女的这种亲情关系，相互之间根本不用去计较什么东西，这种账户也是一个很好的维护亲情的纽带，所以我是很赞同这种账户的。至于年轻人会不会有他们自己的担忧，我仅代表父母这一辈发表我自己的看法，我自己还是很愿意去参与这种模式的，无论我的孩子会不会赞同，我还是不会计较这些东西的，至于这笔账户上的资金具体投往何处，我们后期还是要有一个相互了解的过程的，投资模式也不能盲目的进行，但就我现在的了解的话我觉得这种模式还是很吸引人并且我是愿意参与进去的。” （访谈对象49）

“我觉得这种共享账户，特别是父母与子女共同投资共同受益的这种模式还是可以的，现在的家庭中，我认为普遍父母和子女是存在一定隔阂的，如果有这么一种账户能去维护她们的关系的话我觉得还是很好的，而且如果真的是专业人士来进行一个一对一的投资服务的话，也能解决一个老百姓在选择产品上不专业的缺陷，如果能选择到正确的产品投资实现我们账户资金的一个升值的话，其实还是可行的。主要是它既能满足老年人的养老需求，又能满足子女年老的需求，这种吸引力还是很大的，如果是我的话，我会愿意去建立这样一个账户，而且我觉得对于大多数人的特别是独生子女的一辈还是会愿意去建立的吧，为自己父母也为自己以后的养老建立一个保障，可以先尝试投一小部分资金进去，慢慢来，还是可行的。”（访谈对象47）

“我觉得这种账户的模式可以在大范围实施一下，因为这种父母和子女共同投资共同收益的账户还是比较少见的，而且如果有专业的人士来进行一个一对一的投资服务的话，因为这样很多时候会减轻一个家庭的负担，而且这种模式我觉得也比较方便和快捷，就不用自己去选择一些投资产品和服务，所以我觉得这个账户在一定程度上还是能满足很多人的需求的。”（访谈对象48）

对于这样一个账户有的受访者认为是一种很好的共享机制，并且希望政府能给予这一账户更多的支持，对该账户的建设访谈对象46提出了自己的想法：

“我觉得这种养老共享账户是很好的一种共享机制，也就是说这种模式在一定程度上或许能促进家庭成员的和谐，但是我觉得这种养老共享账户它的投资主体，不应该仅仅限于家庭成员之间，其实作为我们老百姓来说，我们是为国家缴纳了各种税，那么国家或许政府也应该将这种个人税收一部分体现在这种养老共享账户上，也就是说养老共享账户的出资人不仅仅是这几个家庭成员之间，而是可以尝试由政府共同承担一部分，这个比例可以以后商榷，这种养老模式的话我认为会更和谐一点，如果全部是用我们的自有资金的话，其实就没有体现出我们缴纳个人所得税时政府反过来对老百姓物质文化生活的一种关注了，我们可能更在意的是国家有没有可能对这种共享账户进行一定比例的投资，这样家庭成员会更积极参与和享受这种养老账户带来的便利，虽然主要的出资人是家庭成员，但是政府理应给予支持，或者可以根据家庭总收入，城镇或农村等户口因素和家庭是否有一胎或者二胎小孩等因素来考虑对不同的家庭进行不同的这个共享账户的投资比例。”　（访谈对象46）

关于建议，他还紧接着补充道：

“我觉得整个共享账户的受益者应该是整个家庭全员，只是启用时间有先后而已，所以如果子女需要先用到这笔钱或者哪位家庭成员急需支出某一笔生活上的费用的时候，看需求的程度应该不分先后，就是说它是为了养老而准备，但是不完全仅仅用于养老，收益资金使用情况应该更灵活或具有弹性一点，来改进比如社保必须达到所谓的年龄规定才能使用或享受某些产品或服务的缺陷。这就是我的建议或者我觉得可以改进的地方。”　（访谈对象46）

以上的访谈数据表明很多人对于参与家庭养老共享账户是持积极乐观的态度，但是我们发现在表示愿意建立“养老共享账户”的受访者中，也有少数人表示了一定的担忧，如以下几位受访者的表述：

“只是害怕等孩子成家了以后，我们也年老体弱，到那时候，用钱的多的是我们老年人，就害怕女婿儿媳妇这样的人有意见，不要因为这个事有家庭矛盾。”　（访谈对象13）

其他的受访对象也表达了同样的顾虑，如：

“是的（我也愿意接受这个做法），我儿子还没有成家，我们是一家人。但是成家了以后，我不在意，他的爱人还会在意的。”

（访谈对象14）

“我觉得这种方式也可以，因为现在很多家庭都是独生子女，随着中国老龄化越来越严重，老年人越来越多，每个人都要老去，那就都可以把闲余资金拿出来存在一个共享的账户上用于养老，大家都要老的，以后这个账户的收益多少还是有一点帮助。……有可能的弊端就是一些年轻人担心老年人伤病较多，提出来的资金多，会提前耗完账户上的资金，到后续年限账户上的钱会不会就少了，可能一些年轻人会有这种担心吧。”　（访谈对象41）

数据表明，独生子女家庭对于建立共享账户无论是父母还是子女多数都表示认可，因为父母与子女间的经济关系比较简单，但是有受访者表示多子女家庭会存在账户利益分享带来的麻烦，如受访者5所说：

“我们家就是存在子女多。子女多生活条件肯定就是不一样的……就是说和父母同样共同理财，有存在一些弊病；说你投入多少他投入多少，是否你可以拿出来，是否他可以不当回事，但是我可能拿不出来这么多。父母……拿出来一部分钱，可能就是管得了自己管不了子女。……像一胎化的时候，父母和子女共赢，那无所谓，没有争议。发生问题的时候它之间没有争议，它没有选择性啊，孩子和子女多的情况下它存在这个争议。”　（访谈对象5）

多子女家庭成员存在不同意见会是一个现实问题，值得重视。但也并非所有多子女家庭都存在这一顾虑，来自多子女家庭的另一位受访者就表示了不同的观点，即并不认为和父母建立养老共享账户会有障碍。

“这个在我身上体现不出来，因为我觉得和父母共享账户这种模式，作为子女来说也是受益方，因为这样来说能完全保证父母和我自己老了以后的养老，至于说我的孩子以后他们愿不愿意和我继续共享这个账户，我现在无法判断他们的想法，至少在我这一辈，我自己是非常愿意和父母以这种模式建立共享的。”　（访谈对象43）

鉴于家庭共享养老账户计划交由专业人士来进行管理，因此有的受访者对这一账户的管理机构和理财人员的专业性比较关注：

“还有的疑虑就是我对账户的管辖机构有一点疑问，就是这个账户具体归谁管辖，到底是银行或者是保险公司还是所谓的基金公司来管辖这个账户，特别是所提到的专业人士是否具备专业的资格，就是他具体会把资金往哪里去投资，所以我担心这一块儿会不会有其他的风险。”（访谈对象47）

“我接受这种模式，但是我对这种模式也有自己的担心，并且我对这个模式想提出一个建议，我们的账户由专业人士进行一对一投资服务，这个过程当中，我对这个帮助我们投资的人员，就是说我们对他能不能完全地了解和信任。”（访谈对象43）

“再一个就是我对这个专业人员的专业性有一定的担忧我无法确定这个人的专业性够不够，就是说我担心我们投进去的钱会不会产生亏损如果到时候不是赚钱反而是亏钱的话就得不偿失了，而且因为这个原因从而影响父母和子女的关系的话就更不好了，因为涉及金钱方面的使用还是需要很谨慎的，毕竟未来的收益也看不清楚。”（访谈对象48）

“我产生的疑虑就是这个专业人士是谁，我还是更放心把这个账户交给我的儿女来保管的，至少我的儿女可以参与到这个账户的保管当中，而不是交给一个外来人进行操作，这样我是不放心的，我主要担心的就是这个问题。”（访谈对象50）

在问卷调查结果3.3.23中我们发现，有42.1%的被调查对象表示希望能得到专业的“一对一”服务，这与金融产品和服务的专业性高有关，特别是考虑到我国金融行业发展晚，人们的金融知识比较缺乏这一现实，以及对于高风险产品不懂如何投资的现状，重视“一对一”的专业服务是鼓励和完善人们养老资金储备方式的一个有效手段，也是金融机构今后应该重视的一个方面。

3.4.6.2　对建立家庭养老共享账户的反对意见

如表3－7所示，访谈中，有五分之一多的人表示不愿意接受“家庭共享养老账户”，原因大致有以下几种。一是有的受访者对这一账户存在怀疑，怕上当受骗，如：

“我觉得接受不了。……这个东西我没接触过。而且管理这个账户的人靠不靠谱，预计的收益能不能达到都是不确定的，这几年这些个金融机构骗钱的太多了，卷款就跑了。” （访谈对象27）

这种情况主要是目前“家庭共享养老账户”尚未真正投入实践，受访者对这个账户还不了解所致。当然，这种情况也与目前金融诈骗多见，人们不得不建立防备的心理有关。

第二种原因是受访者不愿意父母和子女的资金放在一起管理，怕资金混在一起容易产生纠纷。已婚子女因为有了家庭和另一半，和自己的父母建立共享账户还会受另一半的影响。

“这个不可能的。和子女不可能存在一个账户的，不现实。……钱这个东西，掌握在谁手里谁有主动（权）。再是自己的子女也得明算账，不能掺和在一起。……我认为在我们这里不实际，观念还没达到那一步。各方面（比如道德方面）还没达到。一大家子都存在一起，和和睦睦的很好，但是我感觉不现实。” （访谈对象11）

“这倒是一个新思路，但是共享的话，也有很多矛盾的，子女不仅仅是牵扯到女儿儿子，还有女婿和儿媳，这个之间的矛盾咋样解决呢？” （访谈对象13）

第三种原因是一些子女认为现在和父母之间的经济关系就很好，没有必要建立共享账户。更有的子女认为如果建立共享账户，恐怕父母要更多地补贴自己，反而加重父母的负担。如下几个访谈对象的反馈有一定代表性。

“不愿意，对它不了解。现在的模式就很好，没事时不需要给父母，需要时随时给。没必要共享账户。” （访谈对象71）

“不愿意。父母他们在养老方面的资金差不多了，已经有了很多积蓄了，而子女才刚刚起步，与父母共享的话那是啃老吗？……那父母在养老资金充足的情况下，为了帮助我们，也可能会只存钱不花钱呀，这样反而增加了父母的压力。” （访谈对象72）

“不愿意，父母现在这种生活挺好的，没必要打破原有的方式。共享一个账户还有重新适应挺麻烦的。而且给父母钱，父母给我们钱，这两种都是可以随便给的，如果要是建个共享账户的话，个人认为容易有经济纠纷。”　（访谈对象77）

第四种原因是有的中老年人并不认为存在家庭互助养老的可能，主要表现为他们认为子女可能并不具备为父母养老的能力。在父母经济条件较好的家庭里，父母还会拿出钱来帮助子女。受访者8、受访者13和受访者11的表述能代表一部分人的想法：

“老人呢更多是想帮助晚辈，晚辈子女更担心他们的生活质量，可是晚辈呢他处于刚结婚或者小家庭，刚够自己的生活，你让他拿出这种互助的资金，应该说很困难，即便能挤出来一点，也是杯水车薪，很少的，说到这一方面呢我还是不太……赞成这个，我还是比较赞成一个大范围的社会统筹保险的互助性”　（访谈对象8）

“（将来女儿）指望不上，女儿工资能把她自己负担的了就不错了。别让我们倒贴就是最好的，年轻人的收入和开支不是成正比的。收入低开支大。”　（访谈对象13）

“不需要（每月子女给生活费）。还要倒贴。他们好多开支还要我们出。”　（访谈对象11）

这一原因与我国目前年轻人初进入职场时收入低的现实情况是吻合的，而且在20～30岁，是大多数人恋爱、结婚、生子的时期，面临着花销大的现实，自己的收入难以为继，甚至有些年轻人还要父母资助，这一点在3.4.4的分析中也提及过。

3.4.6.3　对建立养老共享账户的意见尚不明确

当然，由于目前“家庭共享养老账户”尚未真正进入实践，12.5%的受访者虽然对这样的共享账户感兴趣，但还需要进一步了解后再做决定。

“这个如果它很合理地话我可以考虑一下。毕竟如果是专业人士的话应该比我们考虑得仔细。但是到底还是要看一下他给我的这个策略，具体是怎样的，然后我再决定。如果我觉得还不错，我觉得可以和父母建立一个，然后等我们老了，子女大了，到时候我们再建立一个。说到底还是先看一下是不是合心意再决定吧。”

（访谈对象 1）

“愿意呀。这个对以后的养老有保障。……概念是很新的，但是实施起来不知道是不是很贴心。” （访谈对象 16）

“这个是可以接受的，但是我会考虑这个专业的人士理财需要的成本是多少，会不会太贵，或者这个账户的投资风险会不会很大导致亏本。” （访谈对象 22）

“我觉得如果说这个项目比较好，风险比较低收益比较好还是会接受的。” （访谈对象 23）

“这个我不懂，我感觉这个这方面的需求不是太强烈。如果说这个项目能让人信赖，而且收益也不错我和孩子还是会考虑的。”

（访谈对象 24）

“还是可以的考虑的，因为本来就准备要投资一下，听你介绍，这种方式，能联合子女一起承担感觉还是蛮好的。”

（访谈对象 29）

3.4.6.4 对建立养老共享账户无所谓的态度

除去“愿意”“不愿意”和“好的话就愿意”等反馈，有个别受访者认为是否建立这一账户“不好说”和“无所谓”，且各占受访者 2.5% 的比例。

“现在我还没有这个想法也没有这个需要。将来是不是这样去做……现在也说不好，也许将来会这样去做。” （访谈对象 3）

“无所谓，对我而言都可以。共享的话就是一笔钱在账户里，谁有用的时候拿去用，于我而言和现在的生活没什么差别，有没有这个账户都可以。” （访谈对象 78）

“我觉得无所谓，只要是对大家有利的都无所谓，毕竟现在孩子还小。” （访谈对象 53）

这两种态度说明受访者对这样一类账户并没有太多考虑，也没有了解，他们对这样的账户或许并没有兴趣更多关注。

3.5　本章小结

本章我们对养老服务金融需求端的诉求进行了调研和分析，问卷调研和访谈调研提供的数据在反映人们基本意见方面基本一致，并且通过访谈我们挖掘了人们态度背后的具体想法，对于我们了解需求端诉求有着很大的帮助。

通过调研分析我们发现，在养老储备方面，目前多数人主要依赖社保提供的养老金作为其养老主要资金来源，个人在养老上的其他金融储备并不充分，并且缺少科学和长远的规划。在储备方式上，传统的金融产品和服务如银行储蓄和理财、养老保险等产品是人们的主要选择，另外，投资房产的比例也略高于其他方式的投资。这样的投资方式选择与我国金融业发展的阶段和成熟度有关，但在基金、信托、证券等其他投资方式上的较少参与表明国人利用多种金融手段实现养老资金长期投资、获取相对更高收益的意识和能力还有欠缺；同时也表明金融机构应该在扩大金融产品宣传和专业化服务方面加大力度。

在养老需求方面，人们的主要养老需求是满足基本的日常生活和医疗的需求，另外，文化体验和旅游等方面的支出也被认为是主要的需求之一，这说明随着生活水平的提高，越来越多的人会希望不断提高生活质量，因此人们的养老需求会从基本的日常需求和必需的医疗需求向提高生活品质方面转换。调查发现多数人认为目前的养老资金基本能满足自己退休以后的生活，特别是高收入阶层的金融储备能满足自己的养老需求，但中低收入阶层普遍存在需求无法得到良好满足的情况，存在一定的缺口，需要在社保养老金之外得到补充。

值得强调的是，目前人们在养老方面存在的主要担忧是大病医疗和特殊照护所需要的资金在现有的收入水平下无法满足，还需得到家人和社会的帮助。子女和家人对养老资金起到了补助的作用，这能缓解一部分人在大额养老支出时面临的困难。并且我们还发现，子女资助父母养老或者因孝顺父母给予父母资金上的回馈也较为普遍，这是我国传统美德和习俗的延续，为我们探索家庭互助养老的金融模式提供了基础。

在对养老服务金融的诉求方面，调查数据反映出以下问题：人们普遍认为金融机构对金融产品的宣传太少，导致人们对金融产品和服务的认知比较低；在金融产品方面，金融机构目前提供的养老产品和服务虽然比之过去有所增加，但针对性并不强，缺少养老特色产品，有些产品投资门槛高，低收入群体无法选择；此外，金融产品的各类条款复杂难以理解，使人们面对繁多的金融产品时并知道如何做出合理的选择，这也导致居民选择传统产品和服务的比重较高，而新型金融产品受青睐较少的现状；人们在选择养老金融产品时普遍存在的一个担忧是目前的金融产品收益不高，难抵通货膨胀，造成资金的贬值，养老钱得不到保障；中老年人对于风险高的金融产品则很难接受；金融诈骗的频发让很多老年人对投资的信心受损。

以上发现指出了在养老服务金融领域需要解决的问题。一方面，金融机构在养老产品设计、开发和宣传的等方面还存在很大的不足，不能满足民众对金融资产管理的更高需求，因此金融机构需要金融产品创新和服务创新，提供更加有针对性的金融产品和服务。另一方面，面对金融产品和服务的复杂性和专业性，民众对金融产品和服务的认知还不是太高，金融知识相对缺乏，在养老金融准备方面需要得到必要的专业指导和辅助。

第 4 章 基于我国养老服务金融需求端诉求的供给侧创新分析

金融机构在国家经济中占有举足轻重的地位，不仅是支持和推动经济发展的引擎，也是担负服务社会和谐发展的稳定器。因此，我们应站在稳定社会，稳固国家经济发展的层面上去看待和对待养老服务金融工作，即在国家面临养老难题的今天，金融机构不能仅按市场标准来运营自己的业务，更要积极发挥企业社会责任，为当下乃至今后几十年里我国的养老困境寻找出路，与政府和其他行业一起合力解决社会难题。

如前所述，相比发达国家而言，我国金融业发展较为初级，在产品种类、服务渠道的多样性和便利性等方面存在着一些不足，还不能完全满足人们对金融服务的广泛需求，特别是在老龄化加剧的今天，养老服务金融的发展速度落后于老龄化的速度，这就造成金融服务社会的短板，因此，必须加快养老服务金融的发展和创新，适应我国老龄人口的养老需求。而要做好养老服务金融供给侧的创新首要的是要确立正确的目标和方向。

4.1 养老服务金融供给侧创新的目标和方向

供给侧结构性改革是党和国家根据我国经济发展的实际情况，

在新时期下提出的促进经济发展的新目标、新举措。供给侧改革的方向是从提高供给质量出发，通过改革推进结构调整，对于扭曲的要素配置进行矫正，扩大有效供给，提高供给结构对需求变化的适应性和灵活性，提高全要素生产率，从而更好满足广大人民群众的需要，促进经济社会持续健康发展，创新是供给侧结构性改革的一个关键要素。

金融是国家经济的核心，是经济发展的动力来源和社会稳定的关键。金融业在新中国成立后发展较为缓慢，直至 20 世纪 80 年代，随着改革开放的推进，我国金融业才开始了市场化改革，并逐渐由小到大、由弱到强、由单一到多元，不断发展壮大。金融改革开放之初的 80 年代，我国金融改革的主要内容以引进市场经济金融体系的基本结构为主，重点在于学习世界发达金融市场的体系建设；到了 90 年代上半期和中期，金融领域的改革则以建立符合市场经济需要的金融机构和金融市场基本框架为主；自我国 2001 年加入世贸组织后，面对即将到来的国外发达金融同行进入本土市场开展竞争，金融领域的改革开始提速，2002—2008 年进入以健康化、规范化和专业化为特征的金融改革与发展新时期；2010 年之后，我国金融领域的改革开放进一步深化，进入了市场化、国际化和多元化的阶段，也因此面临着比以往更加复杂的局面。从 20 世纪 80 年代开始的金融持续改革让我国金融业得到了快速发展，目前已成为世界金融领域里的规模巨人，但从金融服务的精度和深度来看，金融领域相比国外发达国家还较为落后；从国内来看，由于改革不到位，存在着比较明显的金融抑制，未能充分发挥金融作为最重要的要素市场之一应有的作用，因此需要进一步改革和创新。

面对快速到来的老龄化社会，社会急需金融行业发挥应有的作用，为养老服务提供有效金融供给，满足老龄群体对金融服务的需求，缓解社会养老压力，因此，加强金融供给侧改革，通过创新促进金融服务更具针对性，有效性，是摆在金融行业面前的重要课题。而养老服务金融的发展需要制度、管理和技术等多方面创新的结合与互动，通过优化供给侧机制，改革制度供给，从全生命周期的角度对养老产品和服务进行科学设置，引导人们树立科学合理的养老观念和养老准备方式，提供专业化、一条龙服务，满足群众的养老需求，增强我国养老服务金融发展的动力和活力是金融行业创新的目标和方向。

4.1.1 立足服务老龄化社会，担当社会责任

金融业服务老龄化社会是当前国家对整个金融行业的要求。如前所述，2016年，中国人民银行联合国家相关部委发布《关于金融支持养老服务业加快发展的指导意见》（银发〔2016〕65号），在国家政策层面正式提出了金融服务养老的战略，指明金融业要充分认识服务养老领域的重要意义，积极推动相关专业金融组织形式、产品和服务创新，创新贷款方式、拓宽养老服务业贷款抵押担保范围，满足居民多样化金融服务需求，提升居民养老财富储备和养老服务支付能力，积极支持养老服务业的发展，同时促进金融业的自身转型。除此之外，国务院同样提出了发展适老金融服务的问题，要求规范和引导商业银行、保险公司等金融机构开发适合老年人的理财、保险产品，满足老年人金融服务需求，强化老年人的金融安全意识，加大金融消费者权益保护力度［见《关于全面放开养老服务市场提升养老服务质量的若干意见》（国办发〔2016〕91号）］。

面对我国快速发展的老龄化现实，养老服务金融供给侧创新应树立责任意识和紧迫意识，创新养老服务金融模式与内容以应对现实挑战，同时这也是金融业发展的良好机遇。各金融行业要抓紧研究、制订和实施应对人口老龄化的发展战略，对发展老龄金融业的指导思想和原则、阶段性目标、重大任务和工程以及保障条件等作出行业层面的战略安排（党俊武，2018）。具体而言，银行、保

险、证券、基金、信托等各类金融机构要结合不同年龄群体的养老需求，积极开发可提供个人和家庭长期受益、符合养老跨生命周期需求的差异化金融产品，特别是提供与实体经济和消费相结合的服务，加快老年医疗、健身、娱乐、旅游等领域消费信贷、信托产品创新等。同时，金融业通过不断创新开发适合老龄化社会的产品和服务，可以提升自身的专业化服务水平，扩大业务规模和范围，增加盈利。

4.1.2 提供覆盖全生命周期的养老金融服务，引导民众树立正确的养老投资理念

金融企业要把创新覆盖“全生命周期”的金融产品和服务作为重点，要建立从青少年到中老年的长期服务目标和相应的产品结构，探索发展既能满足消费者，特别是老年人需求的养老金融产品，又能增加养老金融产品的长期属性与低流动性特征，能有效缓解当前金融体系短期资金匹配长期资产带来的流动性风险，通过引导消费者把“短钱（投资期限短的资金）”变为“长钱（投资期限长的资金）”，做好自身养老资产的储备；另一方面金融机构能通过长期投资，把“长钱”配置到包括养老产业在内的等重点领域，更好地提升经济社会运行效率，让发展的红利更好惠及社会大众（陈锦光，2018）。

以“长钱”代替“短钱”的做法，也即“藏富于老”的理念，就是鼓励人们在年轻时就开始购买各种养老金融产品，通过长期投资和收益，为自己养老所用（党俊武，2018）。美国等发达国家的养老资金市场的“长钱投资”远远高于“短钱投资”，这不仅反映出人们在养老投资方面的长远眼光，也反映出这些市场为投资者提供了“长钱投资”的可能，同时这样的做法也为国家的金融发展和稳定起到了很好的作用，而这一做法的基础是金融市场上存在多种养老产品可供个人或机构进行投资选择以吸引大量社会融

资。目前国内具有养老属性和特征的金融产品偏少，消费者在生命周期的年轻阶段进行养老储备时可供其选择的产品与渠道匮乏，特别是长期限的养老金融产品缺乏，存在巨大的创新空间。养老服务金融供给侧创新要从实施国家战略的高度，转变观念，探索创新有利于发展养老服务金融的体制和机制，致力于改变宏观经济和应对人口老龄化所要求的“长钱”需求态势与现行“短钱”金融的错配格局，把“藏富于老”的理念贯穿到金融业战略转型发展的各个环节，加强自身观念转变并开展对民众的老龄金融教育（党俊武，2018），变现有的“储蓄养老”观念为“投资养老”的新理念。

4.1.3　深化专业化服务，促进金融行业升级

2017 年政府在全国经济体制改革工作会议提出要“深化金融机构和金融监管体制改革，完善多层次资本市场，为实体经济发展营造良好环境”。金融行业整体面临深化改革，进一步加强市场化、国际化和多元化的要求，这就给金融机构传统业务和发展模式提出挑战，督促金融行业加快转型升级。因此，养老服务金融供给侧创新应把深化专业化服务，促进行业升级作为主要动力。养老金融作为金融市场的“蓝海”，并以其巨量的运作资金、丰富的养老服务需求为金融行业提供了行业升级的重要契机。

在面临发展机遇的同时，提高金融响应养老需求的服务能力是金融行业升级的关键。金融服务具有专业性很强的特点，非行业内人士对金融的了解比较肤浅，对金融相关产品的收益和风险的了解就更少，这就为金融机构通过提供专业化的服务创新新业务、开拓新市场、开发新客户提供了基础。金融机构应把提供专业服务作为创新的一个重点，强调专业化服务，真正成为消费者的专业理财人。

针对老年客户的独特需求或家庭在养老方面的长期需求，金融

企业可开发创新金融新产品，从而吸引更多客户，增加资金来源，形成新的利润增长点，扩展投资种类和规模，丰富金融机构的业务和服务。另一方面，通过提供增值的专业化服务，金融机构可以固化已有客户，巩固现有市场份额。通过对已有客户提供更符合其需求的资产配置方案，并通过专业的、一对一的专业化服务，可以提高已有客户的黏性，加强客户忠诚，扩大客户的投资规模和种类，增加现有的市场份额。

由于要不断满足客户日益提高的需求，金融机构需要进行持续的业务改进和提升，这将有助于金融企业改善服务，提高服务效率，完善服务流程，促进金融企业对现代化服务手段的采用和升级，有利于提高金融企业的良好形象，继而增强对客户的吸引力，形成客户与金融企业的良性互动。因此，金融企业的创新应立足于专业优势，提供客户，特别是老年客户急需的产品和服务，针对客户个性，提供专业化解决方案，为每个家庭提供可行的资产配置方案，以有利于其长期养老的需求，甚至是代际养老金融服务的需求。

养老服务金融的供给侧创新可以借鉴国外进入老龄化社会较早、养老服务金融发展比较完善的国家和地区的经验，他山之石，可以攻玉，先行国家和地区的先进做法可以为我们提供思路和启发，帮助我们完善养老服务金融建设。

4.2 国外养老服务金融发展的经验借鉴和启示

世界上多数发达国家在20世纪60年代前后陆续进入老龄化时代，并在1975—1990年先后成为重度老龄化社会。为应对日益加剧的人口老龄化问题，发达国家在养老金融方面针对本国国情采取了一系列举措，如美国、英国、日本、德国、瑞典等，在长期的养老服务金融领域的摸索过程中已经形成了比较成熟的做法，其成功经验对我国发展养老金融具有重要的启示和借鉴作用。本书选取了世界上老龄化问题突出和养老服务金融发展比较成熟的几个国家和地区，对它们的做法和经验做了梳理和简要分析，以期对我国完善养老服务金融提供借鉴。

4.2.1　覆盖全生命周期的养老保障计划

养老保障是贯穿整个生命周期的一种计划。中国面临巨大且迅速的社会经济变革，尚且没有完全形成养老准备终生意识。根据生命周期理论，人们在青年、中年和老年的支付能力、风险承受能力都会有所波动，而人们会倾向于在自己整个生命周期中平滑自己的收入。覆盖整个生命周期的养老理念可以使养老变得更加自如。

美国是养老保障发展比较先进的国家，其提供的养老保障计划可以覆盖人们全生命周期的不同金融需求，这种保障计划就是生命周期基金。生命周期基金是根据基金目标持有人的年龄不断调整投资组合的一种长期证券投资基金，基金管理人会根据投资人的年龄增长不断调整其投资组合，降低资产投资风险，以适应投资人的风险承受能力。生命周期基金于 1993 年在美国诞生，第一只生命基金产品为 BGI2000FUND，随后被迅速推广和应用到养老金投资中，到 2015 年末美国生命周期基金净资产规模达到 7630 亿美元，成为养老金投资的主要形式之一。美国养老金融业务紧密围绕资金投资管理，覆盖个人从在职到退休的全方位养老保障需求，形成涵盖退休计划方案设计、个人账户管理、受托管理、投资者教育等的一系列业务链（吴锡扬，黄灿云，2016）。为达到“养老”目的，目标日期通常根据投资者的预计退休日期来设置。这时候消费者无须自己再反复进行投资配置调整，只需通过选择一只与退休日期最为接近的生命周期基金产品就可以达到目的，有关投资配置调整等所有的事项都由专业的基金管理人进行操作。生命周期基金主要涉及资产下滑航道（即由高风险资产向低风险资产转换的时间点和比例的选择）的设计、大类资产配置和投资工具的选择，基金的风险资产配置权重将会随着投资者目标退休日期的临近而逐渐下降（吴锡扬，黄灿云，2016）。

另一个比较成熟的养老保障计划是著名的美国的401（K）计划。这个计划类似于我国的企业年金，是美国20世纪80年代对于私人企业退休金制度改革的结果。401（K）计划涉及投资延税，由税务部门专门制定条例（在401K部分，此计划也由此得名），这一计划是基础社会保险金的有效辅助。401K保险金有如下特点：一是客户拥有投资主动权，客户个人可根据自己不同的投资习惯直接管理本人账户；二是客户投资灵活性，401（K）计划不设“最低投资起点”，灵活度更高；三是客户转移方便，员工离职后，可将账户余额并入新公司的401（K）计划，或者转入个人退休账户（IRA）账户，且办理流程较为简便；四是可依托此账户进行贷款申请，对于有暂时性资金需求的员工，可申请从账户中贷款，且无须支付高额税费。

从全生命周期覆盖的角度来看，台湾的养老保险产品分为年金保险和非年金保险。年金保险的寿险公司将定期给付年金至被保险人身故为止，分为递延年金保险（适用于青壮年，缴交保险费一段时间后至特定年龄方可领取年金）和即期年金保险（适用于老年人，缴足保险费后次年即可领取年金）（吴锡扬，黄灿云，2016）。非年金保险侧重于为老年人提供养老保障服务，其中，长期看护保险在被保险人符合长期看护状态后会定期给付看护保险金，而终身医疗保险在被保险人因疾病或伤害需要住院接受治疗时给付医疗保险金。

4.2.2 长期护理保险制度

长期护理保险又称老年护理保险，是满足被保险人的各种护理需求、提供经济补偿支持被保险人接受护理服务的健康保险。被保险人因为功能丧失、生活无法自理、需要入住康复中心或需要在家中接受他人护理时的种种费用可以通过提前购买长期护理保险而得到补偿。这种保险模式分商业保险模式和强制性保障模式两类。美国实施的是商业保险模式，德国和日本实施的则是强制性保障模式。

美国的长期护理保险属于商业保险的范畴，政府财政对长期护理保险有税收上的优惠支持。目前，长期护理保险约占美国人身保险市场份额的 30%。美国长期护理保险的给付条件为被保险人生活无法自理、必须有人照料，提供的服务包括治疗性服务、社区护理和家庭护理，可选择是否为全日制护理。在家中和社区接受援助护理、成人全天护理、家庭健康护理、临终关怀护理以及部分生活助理服务的被保险人，也在长期护理保险的给付范围之内。为了加强对市场的监管，美国保监会（NAIC）制定了《长期护理保险示范法规》，明确了被保险人、投保人与保险公司等相关利益方的权利和义务，促进了美国长期护理保险市场的有序健康发展（吴锡扬，黄灿云，2016）。

日本的长期护理保险制度是强制性实施，是政府社会保障体系的一部分，采用强制保险的方式，于 2000 年 4 月正式实施，由《护理保险法案》加以约束。日本的长期护理保险以政府为主导，强制参保对象为日本 40 岁以上的公民，根据年龄因素按差别费率缴纳保费。其中，第一类被保险人为 65 岁以上的公民，护理保险的范畴为包括老年痴呆、行动障碍在内的病症护理；第二类被保险人为 65 岁以下的其他参保对象，护理保险的责任范畴主要为因年龄增长而产生的各种疾病的护理。65 岁以上公民的保险费可选择直接从养老金中扣除，按实际收入分为 5 个保费等级；40 ~ 65 岁的参保人保费与个人医疗保险一起缴纳，根据参加的医疗保险的比例测算费用。日本的长期护理保险费由政府负担 50%，参保人自付的保费与收入挂钩，以平衡被保险人的生活水平和参保水平（吴锡扬，黄灿云，2016）。申请长期护理的病人首先需由专门的调查员对其自理程度、精神情况、行为能力等进行初次评估，随后由医生对其健康情况进行诊断和确认。护理认定委员会将据此做出认定，根据申请人的自理程度为其制订不同级别的支援或护理服务计划（游春，2010）。此外，为了帮助受到专业知识局限的病人及家属对护理方案作出合适选择，政府建立了护理经理制度，由经过政府培训并且通过资格认证考试的护理经理为病人及家属提供建议。

4.2.3 住房反向抵押贷款

住房反向抵押贷款的最大特点是老年房屋所有者可在不出售房产的前提下获得贷款金，此举不仅能改善其生活、减少经济损失，亦可保持相对独立。美国的住房反向抵押贷款模式是世界范围内最成熟、最具有代表性的“以房养老”模式，且形式也比较多样，主要有三种形式：房产抵押反按揭贷款、住房持有者贷款和财务自由贷款。房产抵押反按揭贷款（HECM）的提供者主要为银行和抵押贷款公司等，是一种由政府背书的半公半私的项目，其保险项目由联邦住房管理局和美国住房与城市发展部支持，接受国会的监督。由于 HECM 贷款申请无须提供收入证明、贷款发放和偿还的方式选择较多、贷款的正常发放由政府机构提供保障且所申请的贷款可自由支配等多种优点，此种反向抵押贷款模式成为美国使用最广最多的一种方式，历史上全部申请数量合计约 74 万例。住房持有者（Home - Keeper）贷款由联邦国民抵押贷款协会（房利美）提供，项目的风险自行承担，贷款上限一般高于 HECM 的限额。财务自由（Financial Freedom）贷款是财务自由基金公司（Financial Freedom Senior Funding Corp.）提供的产品，与前两种产品按月支付不同，这种贷款模式下借款人将一次性获得大额贷款资金，且由于申请门槛较高，贷款限额高至 70 万美元。财务自由贷款模式实行范围较窄，仅在印第安纳州、加利福尼亚州等 24 个州实行（吴锡扬，黄灿云，2016）。

美国的反向抵押贷款，由于双方风险的承担问题，初期发展十分缓慢，直到联邦住房管理局出面对房屋价值转换抵押贷款提供保险，这才消除了双方的疑虑，提高了老年人的参与积极性。在这种保险模式下，一方面贷款方可以在不考虑房产实际价值或者贷款账户是否平衡的情况下获取足额的贷款偿还；另一方面借款方可以不考虑房产价值低于贷款总额或者贷款方发生违约甚至倒闭的情况下获取借贷双方约定的贷款总额及期限保障（于艳芳，2015）。

英国养老服务金融产品最主要是住房反向抵押贷款。英国的产品分为两类，一类是终身抵押贷款，是指借款人在贷款期间拥有住房使用权，当借款人死亡、搬离或贷款到期后，用出售住房所得收入来支付贷款本息，剩余部分可由借款人继承；一类是房屋转换计划，是指老年房主将住房产权全部或者部分出售给开展住房反向抵押贷款业务的金融机构，一次性获得一笔用于养老的现金（中国人民银行杭州中心支行货币信贷管理处课题组，2017）。

1981 年，日本首次推出以“长期生活志愿资金贷款制度”为名的反向住房抵押贷款。该制度又可依据实施主体的不同，细分为 3 种模式：第一种是偏社会福利性质的政府主导模式；第二种是以高价值房产为融资担保，具体由国土交通省与厚生劳动省联合实施的富贵型模式；第三种是偏内部性的私营型，多以本机构内部房产进行融资担保。上述 3 种模式的目标、效果均不相同，体现出日本实施住房反向抵押贷款多层次的特点（张月娇，班晓娜，2014）。近年来，日本信托经济研究会提出新“信托反向抵押”的构思，即贷款人利用借款人的被抵押房产生成金融资产年金并将其证券化，在资本流通市场推出证券化产品（许安，杨馥铭，2016）。

“以房养老”住房反向抵押贷款一般包括三种模式：政府开展

型，政府支持型和私人开展型。不过从实践上，住房反向抵押贷款业务在我国只是少数人选择的小众业务。在美国符合申请住房反向抵押贷款条件的约2400万人中仅有2%～3%的人提出申请。在贷款方式上，69%的申请人选择一次性贷款，几乎没有老年人采取年金形式按月领取资金，即大多数人贷款的目的并非提升老年生活水平。

4.2.4 税收优惠的个人养老储蓄

个人养老储蓄是养老保障体系的重要组成部分，世界各国往往是通过税收优惠的方式提高民众对这一辅助养老保障的吸引力。美国1974年通过《雇员退休收入保障法》建立了个人退休账户（IRA）制度，参加者每年将一定比例的税前资金存入该账户，从而降低当期税收负担（胡继晔，2017）。个人在领取时按照取款当年的收入重新计算个人所得税的税率并缴纳所得税。IRA可投资于证券、债券、信托基金、人寿保险以及包括房地产在内的多种其他投资工具，个人可根据自身的风险收益喜好，自主、灵活地配置资产，且投资收益免税，退休领取时缴纳个人所得税（常沁蕊，2016）。在个人所得税的累进税率制下，IRA的税收递延缴交制度大大降低个人的税负负担。

根据美国投资协会ICI的最新统计，72%的美国人认为养老储蓄的IRA是家庭首选投资，截至2015年上半年IRA总资产达7.6万亿美元，高居各类机构投资者榜首。在IRA计划中，90%的雇员参与者认为雇主养老金账户帮助他们建立长期退休储蓄，而非短期利益。88%的参与者认为从工资中自动扣除的缴费方式非常方便，80%以上的参与者认为养老金账户的税优待遇是自己退休储蓄的主要动力之一（胡继晔，2017）。

除美国外，多数国家个人退休账户享受税收优惠等鼓励政策，这些与IRA类似的税收递延缴交制度能使个人大大降低整体税负负担，从而形成了民众逐步从储蓄养老到投资养老的理念转化（董克用，张栋，2017）。

4.2.5　养老信托产品

养老信托在 OECD 国家是一种比较常见的金融产品，因其独特的财产保护和破产隔离功能，所以能保证老人养老财产的保值增值。从世界范围来看，养老信托是实现养老保障的一个有力手段。它主要包括三大类：一是财产管理，二是遗嘱信托，三是医养服务信托。财产管理能让老人享受到信托工具所创造的经济效益、管理效益和转移效益。例如，2001 年，澳大利亚养老金资产中有 36% 采取金融养老信托模式进行管理，美国 401（K）雇员养老金计划中有 42% 采取信托机制进行管理。遗嘱信托是通过受托人对老年人生前制订的遗嘱进行执行，从而实现财富传承的功能。医养服务信托即通过二次委托或直接投资的方式联系、控制、整合相关的养老产业资源，为老人提供包括养老护理、医疗康复等服务（吴锡扬，黄灿云，2016）。

台湾地区的金融市场针对不同人群的不同需求提供了丰富多样的养老金融产品，如信托、保险、理财等，作为养老保障体系的补充，其中信托类产品发挥了很大的作用。台湾的信托养老金融产品同样也包括退休养老信托、遗嘱信托等。退休养老信托还可通过二次委托和直接投资的方式联系、整合相关的养老产业资源，为老人提供养老护理、医疗康复等产业链服务。遗嘱信托则是遗嘱人生前设立的、在其死亡后才发生效力的信托，为立遗嘱人配置及管理身后财产，达成遗愿，实现财富传承功能，减少纷争，并避免巨额的遗产税。

4.2.6　老年专项金融服务

随着老龄化群体的增加，人口老龄化的挑战促使世界各国金融机构都开始针对这一特殊的客户群的特点进行服务改善并推出专项服务。

老年专项金融服务一方面体现在金融产品开发推广上面，发达国家大都开发了多样化的养老服务金融产品与服务以满足老年人多样化的养老金融服务需求。例如在日本，养老服务金融产品多种多样、覆盖范围广泛。由于在日本一般老年人的家庭收入中年金占据重要地位，日本金融部门根据老年人的需求，开展了与年金相关的完善的各种金融服务；另一方面，日本金融机构开发推广了各种信托类养老金融产品，如遗嘱信托等新型养老金融服务产品。日本的养老金融服务具有较强的针对性和有效性，为满足老年人的金融服务需求提供了有效方式（刘宝美，丁肖琦，2016）。

老年专项金融服务还体现在对老年人提供的服务设施和环境方面，这方面的服务的改善相对比较容易，我国的银行已经很好地开展了类似工作和服务。如新西兰银行协会在 2009 年制定了一项老龄人服务指引，该指引要求采取合适的银行柜台高度、简化自动取款机（ATM）使用、方便进行轮椅使用等系列措施，以此不断提升老龄人金融服务质量（侯明，熊庆丽，2017）。

一些国家在提供老年专项服务时将技术引入服务过程，提升老年人的服务体验。例如，2010 年，英国巴克莱银行、英国新堡大学和英国约克大学在政府资助下，开展网上银行技术革新，将指纹识别技术运用到银行卡上，解决了老年人遗忘银行卡密码和无法理解计算机指令等问题，解决了老年人记忆衰退忘记密码的问题。

在提升老年服务金融的客户综合体验方面一些国家的银行也非常重视，如英国汇丰银行承接养老家庭退休金，本着保密性、安全性、审慎性、透明化这四大原则展开了针对个人养老金融产品的拓展。这些措施都极大地满足了养老服务金融客户对于安全性的要求，增强了客户的忠诚度。

4.3　国外发展养老服务金融的特点和启示

综合来讲，养老服务金融发展比较成熟的国家其养老金融服务一般始于劳动力的年轻时期，建有覆盖全生命周期的养老保障计划。除政府提供的基本养老保障和企业年金外，个人进行的长期养老投资和储备也极为突出，政府会为个人储备部分提供税收优惠等鼓励政策。与国内银行理财和保险为主流的状况不同，国外的"养老信托产品"是更加常见的养老金融产品，对于已老人群，"长期护理保险"的兑现，"住房反向抵押贷款"的实施和"老年专项金融服务"能让客户得到尊严、完善的晚年生活。虽然这些国家和地区与我国存在着金融发展水平不同、金融市场完善程度不同以及国家体制和文化不同的特点，但他们发展养老金融比较早，也较为成熟，因此一些做法和经验会为我们发展养老服务金融提供很好的借鉴。综合以上所列举的国家和地区在养老金融方面的做法，可以发现他们发展养老服务金融的一些特点和共性，给予我们如下一些启示。

4.3.1　政府主导，提供税收优惠等支持

从发达国家的经验来看，由于政府在制度安排、规划设计以及市场监管等方面担负主要的职责，发展养老金融（含养老服务金融）必然是由政府主导发展方向，制定出台各项鼓励政策，从顶层设计角度指导养老服务金融建设。多数国家对养老金融产品实行政府提供的税收优惠措施，包括减免利息税、减免遗产税等，这些减税鼓励措施帮助民众逐步形成了从储蓄养老到投资养老的理念转化。如美国 80% 以上的个人退休账户（IRA）计划参与者认为养老金账户的税优待遇是自己退休储蓄的主要动力之一。政府还通过

补贴的形式鼓励发展金融机构营利性差或者无法盈利的养老产品，如日本的长期照护险等产品。

4.3.2 利用发达的金融市场，养老服务金融产品多元化

过去几十年间，各个发达国家都已经进入老龄化社会，全球金融创新也集中地体现在养老金融领域，如各种资产证券化、债务重整、金融衍生品的诞生、抵押担保债券、投资担保合同等金融创新产品等都与养老金投资有关。这些金融创新的一个主要原因是由于养老金融对安全性和收益性都有很高的要求，而金融创新就是想方设法来分散风险，抵御长期的市场波动和通货膨胀风险，权益类产品又不能提供相对明确的收益率，因此金融领域不断创新以满足养老金投资的需要（董克用，姚余栋，2017）。

从个人投资者层面来看，从税收减免的个人储蓄到自由选择投资组合的年金计划，再到生命周期基金；从长期照护保险到住房反向抵押，再到多种理财、信托、基金的组合产品运用；从贴心的金融机构服务设施升级到最近科技提高老年群体服务的方便性和安全性，国际上养老服务金融的多元化产品为不同客户提供了多种选择，满足了他们对不同生命周期阶段投资和资金的需求情况。

在丰富产品的基础上，发达的金融市场为养老服务金融产品提供了广泛的投资机会和资金流动性，以及较高的投资收益，从而提高了客户长期投资的忠诚度和满意度。金融市场的灵活性也提高了养老服务金融的投资收益率，并通过金融产品的综合运用降低了投资风险。例如，对于“住房反向抵押贷款”这类收益不确定性较高的产品，利用资本市场对其提供保险，从而打消了借贷双方的后顾之忧，促进了这类产品的发展。

另外，良性的市场竞争，可以让消费者发现和选择市场中更有效率的金融机构，从而促进各金融机构不断创新服务和提高服务水平。

4.3.3　结合客户需求提供专业化运营

需求是供给存在的基础，也是金融企业业务的来源和存在的意义。国际上的经验显示，很多国家的养老服务金融都是以需求为导向而进行产品开发。如美国形成了以需求为导向的多样化的养老金融服务产品，共同基金逐步由“产品导向”转化为“需求导向”，更好地迎合了相应群体的有效需求。我国养老服务金融客户群体众多，总量在4亿左右，涉及的养老金融市场体量巨大但是却从未被充分挖掘。在现有养老服务金融产品创新性不足、针对性不强的背景下，金融机构应在借鉴国际经验的基础上，充分挖掘不同群体的养老服务金融显在的和潜在的需求，同时不断加强养老金融理论研究和产品创新（董克用，张栋，2017），产品开发的目标应指向通过增加老年资产性收入进而提高其老年生活品质上来。要丰富产品类别，除储蓄、保险等传统产品之外，应逐步扩大养老基金、信托养老等新型业务。增加产品的针对性和创新性，根据不同年龄阶段的特点，及其风险承受能力的不同，创新不同的养老服务金融产品，满足多元化的养老金融服务需求。

更为必要的是，因为金融产品的多元化和金融市场的专业性与复杂性，客户的养老投资行为必须有专业人员的帮助甚至代为操作。而金融机构吸收的大量养老资产也需要由专业水平高的人对其进行市场运作，获取理想的收益，保障养老资产的灵活性和安全性。通过专业化的机构，对养老服务金融产品进行运营，可以有针对性地满足养老服务需求，实现养老资产的保值增值。

为养老服务金融的客户群体提供专业咨询和资产顾问能很好地解决普通人金融知识缺乏的问题。鉴于金融产品和服务的高度专业性，采取为客户提供专业咨询和专业的资产管理顾问等方式，如日本的做法，交由专业人士对人们的养老资金进行管理，给出专业的养老投资建议，进行合理的资产配置，可以提升养老服务金融的效率，提高客户收益和满意度。对于需要长期投资和多样化投资的养老服务金融来说，提供专业化的服务是非常有必要的。

4.3.4 长期养老投资的理念

在欧美等发达国家，不论是金融机构还是民众对长期养老投资的做法具有普遍的认同，养老保障是家庭理财的最高目标，也是最核心的宗旨。家庭理财大多是“以养老为目的”的投资行为，他们通过养老储蓄或养老投资锁定部分财富，进行长期积累，使财富得到不断累积，为将来的养老提供保障，这种养老保障是通过一辈子的养老储蓄与养老投资来形成的，如美国家庭普遍将养老储蓄放在家庭理财的最重要位置，在其家庭金融资产中，养老储备所占比重高达35%（董登新，2018）。长期投资的理念既符合资本市场长期投资带来高收益和稳定性的基本规律，也符合人们在准备养老的过程中的长期性特点，应该成为养老服务金融特别强调和遵循的做法。从国际经验来看，不断进行金融创新的养老金融服务是增加老年人财产性收入和分散老年人财产风险的重要渠道，除了有效针对日益多元化的老年需求积极创新养老金融服务产品，还需要理念的转变，要变单纯依靠储蓄管理财富的观念为投资养老的理念，双管齐下，才能从供给和需求两个方面推动养老金融市场发展，而老年人也将会拥有更好的晚年生活（董克用，张栋，2017）。

4.3.5 软硬件做保障，不断改善客户综合体验

金融行业作为服务业，其服务的软硬件水平直接关系到客户的满意度和经营的效率与收益。国际上经济发达的国家一般都会提供舒适的硬件环境，并通过技术革新不断更新软件服务水准，如前面提到的英国、爱尔兰等国家的做法。这些金融机构在服务客户的环

境方面、现代工具使用方面，充分考虑老年群体的特殊性，方便他们接受金融服务。客户体验如果做得好可以提升服务水平，成为提升客户满意度和忠诚度的基本手段；相反，如果没有做好，那么就会逐渐失去客户，造成经营上的被动。

以上国外金融机构的经验给我们进行养老服务金融创新带来一些重要的启发，即设立养老服务金融专业运营公司，搭建符合养老服务金融管理特点的组织架构，发展有针对性的业务模式和风控机制，提升养老服务金融的专业化水平，满足老龄人口日趋多样化和个性化的养老需求是做好养老服务金融的必要条件。另外，从世界一些主要国家的养老金融发展的分析我们还可以得出一个基本的结论，即世界上还没有完美的养老金融制度，所有国家的养老金融制度都有改善的余地（胡继晔，2017a）。因此，我们要结合自己的国情，借鉴别人成熟的做法，创新和打造适合自己的养老服务金融体系与模式。

4.4　我国发展养老服务金融应实现的供给侧创新

老龄化时代的到来，给我国政府和金融行业提出了挑战，现阶段虽然我们的金融业还不是很完善，但面临老龄化挑战，金融机构应该积极面对，主动研究，勇于创新。如本书 1.6.1 中所述，政府和相关部门出台了多项政策，明确要求金融机构要创新产品和服务方式，要加快创新速度，改进和完善养老金融服务，强调加大养老金融供给的重要性和紧迫性。结合本书第 2 章对我国金融机构养老服务金融发展状况的分析和第 3 章对养老服务金融需求端诉求的调研，综合来看，发展我国养老服务金融应从金融供给侧改革入手，解决金融服务的供需错位问题，要着重做好以下几个方面的完善和创新。

4.4.1 创新要结合国情，设计合理的体系结构

从金融领域内部来看，发展养老服务金融需要金融机构做好顶层设计，把养老服务金融业务放到重要的位置，并围绕养老服务金融业务对多种产品和服务进行有机整合，发挥综合化优势，为养老需求顾客提供“一揽子”服务。

最为直接和简单的方式是在现有的组织架构内，可以独立建立一个专业化综合性的服务部门，将以往单独存在的养老理财部、个人信贷部等相关部门进行有效整合，统一统筹管理养老金融服务工作，提升服务质量。

另一种可以采取的方式是建立多家金融机构养老金融战略协作体系。养老金融服务产业链牵扯的行业多、产品多、机构多，单一商业银行、单一保险公司或单一行业的金融机构是无法全面地完成和提供全套的产业链优质服务的。从金融到实业，从融资到投资，从个人到群体，持续时间长，面临风险大，牵扯面广，关乎国家和社会的稳定及经济的发展。如果能在国家整体的养老战略部署下，在各级政府和监管部门政策的支持下，打通各类金融机构之间的壁垒，并综合各个相关行业，不失为最好的解决方法（蔡林海，2018）。商业银行和保险公司是接触客户的一线机构，应通过分析客户的各项特征，建立有效的融资和投资渠道，提升养老资金的保值增值，扩大信贷消费；同时引入信托投资机构做长期投资并谋求稳定回报，对相关产业提供投融资服务，支持和完善各种金融服务配套产业的发展，形成“大资管、大健康、大养老”协同作战格局，同时为养老客户群体提供更多优质服务（夏玉梅，李长明，吴昊，2017）。通过金融机构之间的合作，形成银行、养老保险公司、信托、基金、券商等的战略联盟，实现综合养老服务，以适应现有的金融监管模式。

再者，在我国目前实行金融分业监管的现实情况下，金融机构

还可以成立专门的养老金控集团，实施综合化发展，为个人养老投资客户提供专业化和综合化的服务。开展养老金融业务的最佳模式是通过整个金控集团下的信托及证券基金公司的联合，为客户提供“一揽子”的综合服务（杨洁，2018）。这一模式能有效整合集团内部资源，借助内部化优势，节约了与外部合作产生的成本，利于形成规模经济和协同作用。同时，作为养老服务金融的重要组成部分，在金控集团的总框架下，可以成立独资或合资的养老服务金融公司，负责资金的投资运营管理。

通过组织结构的调整和完善，实际上是增强了金融机构对养老服务业务的重视，以及把其作为今后发展战略中的一个重点，这对金融机构来说意义和影响都很重大。

4.4.2　结合民众养老需求，开发多种有针对性的金融产品

面对老龄化社会的现实挑战，金融机构需要改变传统的服务意识，树立围绕养老需求开展服务的理念，开发多种有针对性的养老服务金融产品，有效满足民众在养老问题上对金融的需求。意识决定行动，金融机构只有从意识上真正重视养老金融服务，热衷为民众的养老提供专业化的支持，才能尽心竭力地开发适应需求的对路产品和服务。在对金融机构的调研中我们发现，目前金融机构对养老金融业务的关注点主要放在如何争取养老金管理资质，如企业年金账户管理与托管业务资格等，争取政府能把更多的养老基金放给自己的机构进行运营，从而达到增加盈利的目的，这一做法虽符合国家发展养老金融的要求，是金融机构应该担负的工作，也符合金融机构市场化运作的特点，但这一做法并没有针对广大居民的个性化养老需求提供直接的金融服务，没有解决民众的现实需求，从社会总体效益上来讲并未达到最优。从国际上来看，发达国家养老服务金融产品设计大都以充分调研消费者的需求，并以需求为导向，开发具有市场基础的、种类多样的产品，从而满足绝大多数的不同

群体的养老金融服务需求（董克用，2017）。金融机构要注重研究养老需求，特别是老年资产运用期的消费需求，创新适合的金融产品与服务。

通过研究我们发现，目前民众对养老服务金融方面的主要需求在大病医疗和照护的保障方面，现在民众大病医疗主要依靠国家提供的社会保障中的医保，按比例报销，对于大额支出个人负担的部分还是比较多，负担较重，并且还有的人没有医保保障，因此这部分的保障需要通过商业金融机构补充和实现。而照护保障产品目前在我国还处于起步阶段，在产品设计和实施过程中还存在一些问题，需要政府和金融机构以及养老机构多方努力与合作，加快推广的步伐。另外，随着生活条件的改善，越来越多的文化水平较高，综合素质较高的客户进入老年阶段，这些顾客对生活质量和生活品位的要求较高，经常参加老年大学社团、参加文体活动、外出旅游等丰富多彩的生活方式，他们对现金的需求旺盛，因此，老人对物质生活的追求同以往单纯的吃穿用行已经有了很大的不同。对于民众日益提高的文化和娱乐消费等精神诉求，金融机构应积极开发相关的信贷产品，以满足人们退休后日益增长的旅游、娱乐和再学习等方面的需求。根据我国民众养老的综合需求，金融行业应该密切围绕客户需求，实现从产品经营向客户经营的转变，针对退休人群和未退休人群的不同需求，推出定制化的养老金融产品，明确长期限理财产品的准入和资产配置范围等，有序推进产品与制度创新。

针对民众的养老需求，金融机构要积极开发灵活性和流行性强的个人理财产品。作为养老服务金融综合投资的一个重要组成部分，把养老理财产品的客户群体扩大到年轻群体，实现养老资金的早期积累，为客户量身定制专属理财产品，在保障一定的资金流动性和灵活性的基础上，兼顾实现客户财富的稳健增长。结合老年人旅游、娱乐、健身、医疗等需求开发老年人专属的个人信用贷款。积极探索多种担保方式，完善住房反向抵押贷款业务的担保方式，尽可能减少此项业务在推广过程中遇到的疑虑与担忧，加强对经济发展趋势的预判能力，制订房屋价值合理的估值方式和未来经济变化带来房屋价值大变化情况下的风险预案。

另外，从宏观的角度来讲，整个消费市场的养老市场的形成也离不开养老金融服务，更可以带动周边的养老金融服务创新。金融机构通过向居民提供以养老基金的增值保值为核心，覆盖整个养老规划、支付结算、生命保险等个人金融服务，同时引导并释放居民的养老需求，提升其购买其他养老产品的能力，最终满足老年人的消费需求。在满足养老消费需求方面，商业银行具有得天独厚的优势，例如商业银行可以向老年群体提供电子商务、家政服务、代缴费等多项消费代理服务。

在发展养老消费信贷的同时要做好消费信贷的风险防控。整体来说，老年群体预期收入少，金融消费保护欠缺，对金融机构而言会形成较大的信贷风险。可通过创新，将老年人的家人增加为老年消费信贷的共同还款人或担保人，以便在老年人突发状况，无法履行还款义务的时候降低金融机构的风险，同时也能扩大老年信贷的服务对象和范围，特别是给中低收入老年群体提供了申请消费信贷的可能性。

鉴于基金产品和信托产品在服务养老方面的特殊优势，应加大基金和信托在养老服务金融产品中的比重。基金和信托养老金融产品是最能满足养老多种需求的产品，鉴于这些品类在我国金融市场上占的比重还比较小，应加强开发这些产品的开发，同时要注意适度的投资门槛。目前，我国正在积极推进养老目标基金的发展，截至 2018 年底，已有 40 只养老目标基金获准发行，而信托类养老产品发展还相对缓慢。就信托类养老产品而言，国外的经验表明在养老产品构架中嵌入信托功能和市场化运作功能是比较普遍的做法。相较于其他财产管理方式，信托机制具有风险隔离和财产独立等显著优势，充分保障了受益人的权益。金融机构应积极探索面向高端个人客户的个人养老信托产品，帮助客户退休后增加养老资金来源。同时，可以面向中低收入群体开发较低门槛的，可长期投资或分期投资的养老信托产品也很有必要，此举能扩大信托产品的受惠群体，并能加大信托服务养老的作用。

4.4.3 加强综合性养老服务金融产品的开发

综合性养老服务金融是能更好满足人们养老需求的手段。一方面，如前所述（见4.4.1），金融机构应在专业领域内加强综合金融产品的提供，提高养老理财的效率，让养老资金能够满足老年阶段的养老需求。另一方面，要让养老服务金融客户通过金融机构把社会养老服务整合起来，实现信息及时共享，减少各种资料重复提供，简化服务流程，提高响应度。目前虽有一些银行、保险等金融机构推出了具有多种服务功能的“一卡通”业务，但是从提供此类服务的机构数量来看还远远不够，从他们整合的服务来说还没有覆盖到老年养老需求的方方面面，因此，在这方面还需进一步加强多部门的联合，实现以金融为依托，多方面联动的有效机制。综合金融服务的推出和普及可以为我国实现社区养老，居家养老带来更大的可能和便利，为老年人提供更满意的老年生活服务，为广大子女群体，特别是独生子女群体解决后顾之忧。在涉及养老服务金融的机构中，综合性服务的主要承担者为商业银行和保险公司，它们与客户的直接接触最多。

作为金融客户群体最大的银行业，应在现有的基础上围绕“老有所养、老有所乐、老有所医”等主题加大混合养老服务的提供。银行业要利用客户群体众多、金融产品（如银行卡）普及的优势，开发特色增值服务类养老产品。现有的一些专门针对老年客户的特色银行卡已经结合了指纹识别或人脸识别技术，解决了老年人遗忘卡号和密码等问题。除此之外，还应扩大老年卡的使用范围，在衣食住行医中都可以使用该银行卡进行各种结算，并且有针对性地向持卡客户推送老年医疗、健身、娱乐、旅游等领域消费信贷。要加大与老年大学、旅行社、医院、护理机构、酒店、养老机构等的合作，推广个性化非金融的混合服务方案，满足老年客户生活照顾、医疗护理、精神慰藉和休闲娱乐等特殊需求，帮助老年人提高生活品质，安享晚年，同时打造客户批量拓展平台。社区银行在服务养老方面发挥着很大的作用，今后还应更加完善社区银行在养老服务中的功能和作用。对于老年客户相对较多的网点，调整网点功能区划分，使之更加符合老年客户需求。在社区银行中，要针对老年客户的特点和需求，引领老年客户使用新型工具，优化自助银行服务，推出网上银行、手机银行放大字体版客户端，网上银行现场指导，方便老年人操作，鼓励和帮助更多客户使用自助银行服务，让老年顾客感觉自己还能够乘上时代的浪潮，通过细微关怀服务提升客户忠诚度；结合老年客户非金融服务需求，提供社区内的特色增值服务，做有温度的社区金融服务。商业银行可以发挥其接触终端客户、获取数据的优势，建立、跟踪和完善客户关系系统，在此基础上充分研究客户需求，利用线上、线下双重平台，与养老产业链上下游公司深度合作，研发具有针对性、多元化、有温度的增值服务，提高老年人的生活品质，实现供求双方的利益最大化。

保险业同样可以针对老年客户财富支配、健康保障、日常生活打理等需求，提供多元化的服务，促进老年人生活品质的提高。护理服务作为长期护理保险开发的产品可以分散和转移国家面临的基本养老保险压力，对促进养老产业的发展起到至关重要的作用（张佩，2014）。养老保险公司可通过与相关养老产业的密切合作，可以从中筛选、培育和建立护理、医疗等服务的合作方，借助长期护理、专业照护真实养老服务的产业发展平台，向客户出售与本公司相关、能保质保量的护理险、重疾险；养老保险公司对于养老上下游产业的投资，如投资养老社区，在疗养、度假等优质服务的基础上来设计养老金保障产品，满足老年人更高层次的养老需求，同时满足保险公司的盈利需求，这不失是一个双赢的局面（洪崎，2016）。这一相互促进、相互支撑的关系不仅可以推动养老金融产品更新、创新，更重要的是促进养老服务金融与养老产业协同发展，最终完美的解决国家和社会的养老困境。

总之，综合性养老服务金融的提供可以真正从客户需求出发，通过跨上下游行业的资源整合和服务创新，最终为客户提供更完善的金融服务，这将会成为未来金融行业主要发展趋势。对金融机构而言，提供综合化产品，提高客户便利，加强客户黏性，可以为金融机构带来更多收益。

4.4.4 以产品和服务创新带动树立正确的养老储备理念

正如在本书 3.4.2.1 中所讨论的，多年以来，我国国民有储蓄的习惯，储蓄是养老储备的组成部分，但不是效率最高的方式。如何引导民众提高养老资金准备的效率，鼓励民众从“储蓄养老”转变为“投资养老”，通过产品创新带动民众树立养老长期投资和从全生命周期角度进行养老准备的理念是金融机构需要着力的方面。

人们为养老进行长期投资的理念不可能单纯靠宣传来养成，必须依靠相应的金融产品带动，金融机构本身应该从“长期”的角度进行产品创新，摒弃目前过于重视短期收益的、短浅的经营理念和模式，设计、推广更加符合人们全生命周期需求的长期产品，吸引民众做长期投资。这样可以吸收更多、更长期的资金，对于金融机构的融资、降低经营风险和长期稳健经营来说都是有百利而无一害的。通过研究我们也发现，很多养老投资者，特别是老年人，对于长期投资并不偏好，因其不具备灵活性，因此，长期产品的设计和推广要扩大到年轻人群体，要开展不同年龄阶段的生命周期养老模式创新。

养老金融不是老年金融，养老金融要面向整个生命周期的不同年龄阶段的需求，针对不同年龄、不同职业、不同地域的人做差异化的产品创新。相比已有迫切需求的老年人，许多中年人还没有意识到和形成清晰的养老规划。完整的养老金融服务应该覆盖青壮年客户的资产储备期和进入老年的资产运用期。资产储备期对应客户职业生涯收入最高的时期，此时需要金融企业合理运用金融工具来设计符合客户未来养老预期的产品，为客户的将来储备劳动价值，做好资产保值增值；金融资产运用期即在客户进入收入来源单一的养老时期，确保流动性要求的情况下继续为养老金融资产提供保值服务。从发达国家养老服务金融的实践经验来看，通常人们至少要从 40 岁开始就要对养老财富管理进行规划，为养老储备资产，此时客户对于理财产品的风险承受能力以及时间期限都更高，适合开展真正的养老金融服务，并且也可以更贴近客户想要的目标（张细松，牟芳华，2017）。长线投资的养老金融理财产品可以考虑客户在不同生命周期所能承受的投资风险及所需的收益，进行不同资产配置。可以根据年龄阶段对于养老金融产品进行细化。考虑到我国基本国情，30 周岁之后人们有一定的经济基础，并且有投资理财的意愿。养老理财产品应针对全年龄阶段的客户包括青壮年、中年、老年以及晚年开发创新。帮助年轻的客户建立理财养老观念，强化理财养老意识，接受养老理财产品，树立长期投资理念，也是客户开发的最佳方式。而对于已经进入退休的客户群体，主要的目的是“稳定”二字，在此基础上以安享晚年而设计不同理财产品。

金融机构应引导投资者充分认识到时间跨度的变化会导致对各类资产的风险收益评估发生的变化，帮助养老投资者正确看待主动投资与被动投资的关系，这是金融机构做好养老服务金融产品创新的基础。

4.4.5　增强养老服务金融产品的普惠性

养老服务金融是涉及每个国民的事业，应该充分体现其普惠性。目前，作为商业机构的金融各行业更多地把服务的着眼点放在了高净值人群身上，适合广大中低收入群体的优质养老金融产品较为缺乏，或者因为投资门槛高而受到限制。

金融机构可以根据财富状况对养老金融产品进行细化，提高养老产品的普惠性。虽然在收入结构中存在“二八效应”，即少数人掌握了多数的资金，但多数人的合力也是一笔巨大的资金来源。金融机构应通过“聚少成多”的方式，发挥广大中低收入群体投资的“量”的优势，让这部分投资变成更具价值的运作资金。这样做的基础是金融机构首先要重视这部分人群的需求，把重视利润最大化的企业经营目标辅以更多的承担社会责任的价值取向，从而使产品和服务更多地惠及广大民众。

4.4.6 提升专业化服务水准

专业化的人员无疑是做好养老服务金融的基础，也是金融机构提升自身经营水平和服务质量的根本。目前金融机构中直接接触个人养老投资者的员工其专业性并不很高，更多的是推广现有产品，难以为客户量身定做投资组合，更没有为客户提供养老规划的能力。因此，金融机构应该加大对专业人员队伍的建设和培训，提高精细化、专业化管理水平，为不同类型客户的养老需求提供专属化、个性化的养老金融产品及服务，使个人投资者也能享受到“专家级”的服务，提高养老服务金融的层次。

养老金融服务横跨领域较多，涉及心理学、管理学、社会学、保险学、税收学、金融学等多学科的知识，这就需要培养一批掌握综合专业技能的复合型养老金融人才。多种类的金融机构可以通过人力资源战略合作，定期开展跨专业部门的人力资源培训，提高工作人员的资产配置、产品精算和咨询服务能力，打造一支数量多、业务能力强的养老服务金融产品经理和咨询师队伍。区别于现有的金融产品销售人员，专业的养老服务金融产品经理和咨询师应具有较强的专业技能，能根据客户的需求，提供差别化的销售服务，针对不同客户，提供金融机构全面化、多层次、有针对性的养老服务金融产品综合解决方案。

当然，金融机构提供如此高水准的专业服务势必会造成人员成本的压力，建议可以通过智能服务系统，对一些标准化的需求可通过智能系统提供服务，以降低服务成本，提高服务效率。但针对特殊要求的养老投资服务，应通过提供专业咨询的方式，提供个性化、定制化的专业服务，以更好地满足需求。

4.4.7　加强对养老服务金融业务的宣传和推广

针对目前民众对于养老服务金融产品普遍不了解、不熟悉的情况，金融机构还应加大对产品的宣传和推广，对于难以理解的产品条款给予解释，以增加民众对产品的了解，减少对风险的担忧，吸引更多的民众参与养老投资。另外，我国居民普遍缺乏养老金融规划的意识，以及对风险规避方法的了解。产品的销售和推广，养老问题的社会化解决，很重要的一点就是能让大众认识到自己面临着养老问题、转变养老的理念。金融机构需要构建专业的销售团队，将养老金融及理财方面的知识教育融入业务发展的各个环节之中，重点对养老服务金融投资理念和相关产品进行宣传与推广。对于金融机构而言，培养复合型养老金融人才和高素质的宣传人员是解决目前广大民众对养老服务金融了解不全面、不透彻问题的可行之策。

另一方面，通过加强对正规养老服务金融的宣传和推广，可以减少老年人上当受骗的可能。老年人判断能力下降，导致自我防范意识较差，缺乏必要的金融知识，容易上当受骗（侯明，熊庆丽，2017），而减少老年人上当受骗的概率可以通过对正规金融机构的养老产品和服务开展广泛宣传来实现。宣传方式上，除传统的发放传单和店面人员的宣传外，要扩大通过网络渠道进行各种宣传，利用金融机构网站、App 等渠道向公众传导各种养老金融服务产品和服务的信息。

4.4.8 加大对养老服务金融发展的政策支持，优化相关金融监管

老龄化的社会现状、庞大的养老群体需要一个有力高效的养老服务金融做支持，养老服务金融在进行相应业务创新时需要政策的引导、支持、组织和协调。可通过差异化引导、财税优惠等政策手段，鼓励金融机构发展养老服务金融（陈锦光，2018）。解决社会的养老问题一是需要政府在金融机构养老金融服务产品的创新和运营中有针对性的政策创新、政策支持、政策监管方面有实际的进展，放开金融机构的手脚，解决金融机构的顾虑；二是政府在金融机构中以养老为主线建立完整的养老金融机构体系，给予发展混合养老服务金融产品提供空间；三是需要在社会养老需求的统筹下，整合各类金融机构和社会资本，提供更好的金融产品、金融服务和其他的支持产业（董克用，张栋，2017），实现养老服务金融与养老体系各环节的连接，放大金融服务养老的作用和效力。

现有的政策对养老金融进行了顶层设计，尚需要配套细则，特别是监管部门应及早出台落实金融支持养老的操作细则和规定。相应地，各地政府和部门也应出台配套政策，通过财政贴息、专项补助资金、减免税收等方式，为金融机构发展养老服务金融提供良好的政策环境。各种相关政策要在稳健的基础上，减少政策对金融机构产品创新的限制。

另外，养老金融服务的创新需要国家政策的支持和法律的保障。如为“以房养老”、养老产业投融资等提供法律依据和保障，明确规定土地使用权的续期和处置政策，明确农村宅基地的流转政策，完善和明晰物业税、房产税、遗产税的规定，防范和降低金融机构处置房产的法律风险（岳磊，2017），提高民众通过多种方式

进行养老投资和养老贷款的积极性；适当放开保险牌照的发放，放低商业银行设立养老保险子公司的门槛，放宽养老金融业务资格的市场准入；引导更多市场主体参与养老金融创新发展，通过鼓励金融资源向养老产业倾斜，带动整合社会资源向养老产业配置。

从监管层面来说，要明晰监管框架，构建适合养老服务金融发展的组织结构。养老服务金融具有典型的混业经营特征，但鉴于目前我国金融监管采用的是分业监管的框架，使对养老金融的监管职能，分散于银保监会和证监会等多个市场机构监管主体，另外还涉及人社部、民政部等部委的管控，这就为养老金融的顺畅发展带来牵制。养老金融整体的快速发展，对监管方式提出改善的要求，因此，金融监管要加速实践探索，建立更为合理的监管体系。具体来说，要加强对金融市场和养老服务金融业务的监管，加快建设养老服务金融的行业标准、服务流程、风险监控等；严格要求金融机构健全内部风险控制体系和流程，防范内部机构和从业人员的道德风险，完善外部设计和信息披露制度，保障客户的合法权益；加大对非法金融和金融诈骗的打击力度，防范和减少针对老年人金融欺诈事件的发生，加强对养老服务业金融理财和非法集资的整治，督促金融机构开展金融教育，为老年人提供安全的投资环境。

4.4.9　与养老产业建立战略合作，提高金融服务养老的综合能力

金融行业除了通过对民众的养老资金进行保值增值，还可通过与相关的养老产业进行战略合作，提升金融服务的附加值，方便民众养老生活，满足更多的养老需求，提供金融服务养老的综合能力。通过跨界整合老年护理、老年医疗、老年消费等养老服务产业链，打造综合养老生态圈；并可通过养老产业投资，形成养老服务和综合金融服务的一体融合，打造养老设施与服务齐全的养老社区。

老龄化趋势的加快必将催生养老护理、养老医疗等一大批养老产

业的兴起，而养老产业是客户购买金融服务的最终目的。金融机构介入养老产业链可以更好地保障养老事业的全面发展，同时也是金融延展业务领域，为养老服务金融资金进行优质投资的选择，实现以外延服务促内涵发展，可以带动养老服务金融的发展规模和效益。

金融机构可以从金融支持方面和产业结合方面对接养老产业。养老产业具有项目分散、业务链条长、资金需求大、投资收益较低但长期稳定等特点。一方面金融机构应探索利用综合化金融平台，整合医疗、保健、房地产等实业机构跨界合作，实现综合服务养老的目标。另一方面，金融机构可设立养老专项债务融资工具，综合运用信贷、投资银行、资产管理、股权投资、债务融资、产业引导基金、信托计划、设施租赁等服务平台，支持养老产业上市等方式，实现投贷联动、产融结合，为养老产业发展提供“捆绑式”和“一站式”综合金融支持，实现养老服务供给与需求更好地融合（杨洁，2017）。通过与养老产业的合作，带动金融机构多个业务条线和产品服务的发展，发挥间接融资功能，打通养老产业供应链，提高金融机构的收益。

4.4.10 提高软硬件服务水平

目前部分金融机构在服务硬件方面，提供了少量针对老年客户的方便设施，如银行为老年人提供老花镜、舒适的业务大厅等。但总体来说还应进一步以老年人群的需求为主，提供适合他们的多种设施，营造舒适、方便的环境。针对去银行营业部办理业务的多为老年客户的特点，要加快进行适老化改造，如改善窗口的通话效果，让听力下降的老年人能听清对话，增设轮椅坡道、扶手、舒适的座椅、简单急救设施等。

除硬件的改善外，软件方面的提升是金融业提高服务老年社会的关键。在技术发展突飞猛进的今天，金融在科技手段的应用上尤为必要。金融机构要积极以技术驱动金融创新，不断创造新的业务模式、应用、流程或者产品，从而对金融市场、金融机构或金融服务提供新的方式（岳磊，2017）。现在和不远的将来，以下三个方面的科技应成为科技服务养老服务金融的主要方式。一是普及互联网和移动支付，提高中老年人获取金融服务的便利性，降低金融机构的服务成本。通过官方网站、网上银行、手机 App、第三方平台等互联网平台，金融机构为中老年人提供丰富多样的金融产品，普及金融理财知识，满足他们对便捷的诉求，同时要对不擅长使用此类科技服务的中老年用户提供更为简便易行的操作页面和使用指导。同时，借助互联网，金融机构可以为远距离的农村居民提供养老服务金融，进一步扩大客户群体，体现养老服务金融的普惠性特点。二是智能投资顾问，这一技术今后将助力提升养老金投资科学性和专业性。智能投资顾问是在大数据分析、量化金融模型和智能化算法的基础上，对投资者的风险承受水平、财务状况、预期收益目标和投资风险偏好等多种因素进行分析，继而根据分析结果向客户提供个性化、多元化的智能理财服务，并能实现客户的自助服务，因此智能投资顾问服务具有低成本、优化投资配置，分散投资风险等特征，能帮助解决个人的非理性投资难题，控制投资风险和减少不理性交易，将会成为今后发展养老服务金融的新模式。三是采用区块链技术提升养老服务金融的精细化和安全性。区块链在数据存储方面具有很强的保密性和安全性，被公认为金融科技领域根本性、颠覆性的技术。区块链技术有望在养老服务金融领域得到应用，通过整合各个层面的大数据，对投资者的思想观念、行为习惯、投资偏好、财富传承情况、健康状态进行归类和分析，金融机构据此研发设计精细化、个性化的产品，以满足人们的养老需求（岳磊，2017）。

在人工智能技术快速发展的今天，金融机构有以设备替代人力，逐步减少柜台等一般服务人员的趋势，一些银行已经开始采用让用户自行在电脑或手机终端选择产品，自己操作，自助服务的方式，这些是金融机构今后发展的方向和趋势，因此提高软件的老年客户适用性尤为必要。对于较少掌握科技手段的老年人群来说，自助操作还是过于复杂，他们尤其担心因为操作不当造成损失。软件设计应从客户角度出发，而非从研发人员和金融机构角度出发，符合用户的思维逻辑，简单、清晰、明了，甚至是“傻瓜式”操作，这样不仅能适于老年人使用，也方便年轻人使用。现在一些银行推广的“指纹识别”或“人脸识别”等技术，对老年人容易忘记密码的特点来说是个很大的帮助（但一些老年人感到要重新检验身份信息等过程很麻烦，所以他们并不愿意进行配合，还需要进一步优化程序，提高老年人适用性）。

另外，从人性化服务的角度来说，实行预约制度，减少老年人等待的时间。普遍来讲，老年人身体状况欠佳，长时间的等待会使其感到疲劳，烦躁。这就需要金融机构建立预约制度，通过电话预约（这种方式更适合老年人）约定老人上门接受服务的时间，尽量减少老人在门店等待的时间。还可通过减少流程环节，智能化自动操作，减少老年人亲自到门店的次数是解决他们出门不便的关键，如可以通过自动带息转存等方式减少老年人到门店办理业务的必要性。

金融机构可以借力金融科技提高养老服务金融服务精准性，发掘不同地域、不同文化水平、不同年龄阶段、不同职业的居民的潜在需求，有针对性地开发推广贴近居民需求的产品和服务。综合性养老服务金融要求金融机构采用先进的科技手段，借助大数据、云计算等信息技术手段，通过标准化、专业化、便捷化的服务，不断提升老年客户的体验和满意度（洪崎，2016）。

4.5 本章小结

本章着重对我国养老服务金融供给侧创新进行了思考，首先明确了金融机构进行养老服务金融业务创新应确立的目标和方向，并在前两章对我国金融行业开展养老服务金融的现状调查和对民众养老需求调研与分析的基础上，结合国际经验带给我们的启发，对我国金融行业针对开展养老服务金融的供给侧创新提出了建议。

建立适合发展养老服务金融的体系结构是进行供给侧创新的组织保障，通过组织架构的完善和合理建设，可以让金融企业真正把发展养老服务金融摆到重要的位置上来；结合民众养老需求，开发有针对性的养老金融产品是金融供给侧创新的核心内容，金融机构应拓展传统的银行和保险产品，使之与养老需求深度嫁接，并以全新的思维，加快开发和推广基金类和信托类养老产品；同时要加强养老产品的普惠性，把社会责任担当作为金融供给侧创新的立足点之一；综合性养老服务金融产品能更好地满足民众养老需求，金融供给侧要突破自身业务的局限，研发综合性养老产品和服务，提高服务的软硬件水平，提高服务养老需求的能力，这也需要从政策和监管层面对现有的约束进行突破和优化，这是金融供给侧创新的关键；专业化服务是金融供给侧创新的一个主要支撑力量，加大专业化人才队伍建设与培训，加强对养老服务金融的宣传和推广，把养老投资交给具备专业素质和能力的人去做，以减少由于民众金融知识缺乏而造成的供需不平衡，提高养老服务金融的效率；养老服务金融创新还可以通过加强金融与养老产业的战略合作，延展金融服务养老的形式和内容，寻求养老资金投资的有效途径为金融供给侧创新拓展了空间。

总之，建立相对合理完善的养老服务金融体系，创新产品和服务不是一朝一夕的工作，需从民众养老需求出发，为长远打算，于细节处落地，方能实现我们破解老龄化难题的目标。

第5章 “家庭共享养老账户”构想

作为新时代中国特色社会主义经济思想的重要内容之一，习近平总书记号召“全民要做好‘全生命周期养老准备’”，这是指导实施我国应对人口老龄化的金融战略的重要指针。应对老龄化给社会带来的问题和风险，落实党的十九大关于积极应对人口老龄化的战略部署，金融业和全体国民要积极作为，共同行动。

目前国际上普遍采用的养老金制度其主流是政府、雇主和个人之间通过责任分工形成的合作机制。根据合作过程中在养老资源分配和责任分担标准的不同，形成了自由主义、合作主义与社会民主主义三种价值取向。美国、智利、新加坡等国家是自由主义为特征的养老金模式的代表，个人（或个人与企业）承担主要养老金缴费责任，国家仅承担最基本的有限保障责任；英国、法国等国家是以合作主义为特征的养老金模式的代表，个人、企业与国家的缴费费率差异不大，各主体养老保障责任承担呈现均等化；日本、瑞典等国家以社会民主主义为特征的养老金模式的代表，各主体按比例差别缴费，体现出养老保障责任共担的特征。结合我国的实际情况来看，社会民主主义模式更符合我国当前经济发展水平与社会主义价值取向，即我国养老金制度需要以国家责任为依托，以企业责任为助力，以个人责任为抓手，使养老金制度的责任分担更趋合理（席恒，任行，2018）。正如在1.2中所讨论的，世界上的养老保障体系由从三支柱向多支柱发展的趋势，其意义在于弥补三支柱体系的不足，使养老保障体系更加完善和合理，更能保障民众的无忧养老。

“养老”最为核心的问题在于“资金”。“钱从哪里来”又是核心中的关键。在现今的中国，社保资金捉襟见肘，三大养老金金融体系尚未进入良性积累轨道，养老金替代率低，显然，对于很多人来说，养老不能单纯靠政府。

现行的养老金制度是基于社会互助的基本价值追求，通过国家、企业和个人在共担缴费责任，实现社会福利的均衡配置，以使退出劳动领域和失去劳动能力的公民的生活水平不致因劳动收入下降而使生活水平下降，体现了养老保险的共济性和福利性原则。但由于三支柱养老保障体系自身的缺陷，目前我国的基本养老金制度在实践中却面临着一系列的困难，导致目前社会养老资金捉襟见肘。在此情况之下，家庭互助可以成为公民养老资金的一个可行尝试。

5.1 设立“家庭共享养老账户”，建立家庭互助型的养老金融新模式

通过调研，我们发现“家庭”在人们的养老阶段起着重要作用，家庭成员的互助是目前解决一部分老年人养老资金的重要来源之一；多数家庭中无论父母还是子女，都会给予对方以资金和感情上的付出，充分体现了“家庭”在我国养老传统做法上的重要性。在前期研究的基础上，我们提出，作为我国养老保障制度的补充，在养老服务金融端设立和推广“家庭共享养老账户”的新型养老金融模式，为我国应对老龄社会提供新思路和新举措。

“家庭共享养老账户”的基本设计思念是：

- 家庭成员在自愿的基础上设立和加入以养老为主旨的“家

庭共享养老账户”；

- 参与“家庭共享养老账户”的共享者以家庭直系成员为主，包括父母与子女，以及祖父母和孙子女；
- 账户成员定期对账户进行资金投入，累积账户金额，投入数额可按经济实力自行决定；
- 账户金额的支出只用于有关养老的各项支出，共享账户的各方在年满 60 岁及以上时均可以使用账户资金；
- 使用该账户用于购买养老各项服务时可享受一定优惠；
- 账户由专业金融机构根据账户所有者的需求进行综合运营，保障账户安全和保值增值。

“家庭共享养老账户”欲实现的功能是：一是经济功能，以家庭为单位积累财富，形成家庭养老的资金池，提早开始养老资金累积从而进行长期投资，通过金融机构的专业运营，对家庭成员从幼年到老年以全生命周期的视角进行合理的资产投资规划与配置，为居民养老做好资金准备服务，让养老成为有准备的家庭行为；二是社会功能，实现“老有所养”的基本社会诉求，提高家庭的生活质量，促进家庭和睦，有利社会和谐。

“家庭共享养老账户”这一新型养老金融模式构想是对完善我国养老金制度的一个新探索，可以视为我国对养老体系“第四支柱”建设的积极尝试，作为现有体系的重要补充，解决我国在养老问题上的一部分困难，同时为金融机构满足老龄化社会的新需求提供思路，促进养老金融供给侧的创新发展。它是个人养老账户的扩展，汇集的资金可以通过金融机构进行类似养老金式的投资和管理，获取稳定收益，用于民众的全生命周期养老。

养老保障制度面临多重复杂的风险集合，需要构建多方合作的制度模式，这要求养老金制度参与主体的多元化。因此，我国养老保障制度需要秉持合作的发展理念，根据我国自身人口和经济发展的特点，结合传统与现实，进行合理有效的模式选择。

5.1.1 “家庭互助”顺应我国传统文化的认知和习俗

我国自古以来就有重视亲情，重视家庭的文化观，孝道更是中国的传统文化和美德，父母抚养子女，子女赡养父母在我国自舜帝以来就被视为基本道德和社会规范，世代传承。家庭在中国人的生活中扮演着重要的角色，在养老过程中起着重大的作用。例如，江西“义门陈”的家族式养老，是中华民族以血缘为纽带的文化体现，实行家族共居生活的养老方式。通过调研我们也发现，中国家庭中子女辅助父母养老在现在仍是广泛存在的事实。

另一个现实是，随着时代的发展和人们生活方式的改变，不少独生子女家庭的子女纷纷离开家乡到异地甚至国外工作生活，子女对老年父母的照顾往往是心有余而力不足。子女照顾父母养老变得艰难，很多子女们对不能为年老的父母提供帮助而深感内疚。对很多身在外地的子女来讲，唯一能为父母做的，或者说较为现实的做法就是提供部分资金上的支持。根据我们的调研，多数子女愿意并主动以提供资金的方式来帮助父母，哪怕仅仅是表达他们对父母的关爱，这是我国优良传统文化的延续和发扬。

5.1.2 子女和父母在养老金融中担负的责任、影响和起到的作用

在我国，子女和父母在家庭养老问题上都扮演着重要的角色。首先，子女在家庭养老中起着重要的作用，无论是资金上还是感情上。在问卷调研中我们发现，在养老资金存在缺口的人群中，有65%的被调查人群表示子女会为其补充资金缺口，子女之外的其他亲属也占到30%；访谈调研中也得出来同样的反馈。调研数据反映出了我国子女赡养老人的优秀传统和基本事实。在我国养老体系尚未健全的现实下，依靠子女养老是很多家庭必然的选择。而事实上，子女在父母养老中也会自觉地担负起自己的责任，把照顾年迈

的父母作为自己应尽的义务，调查同时发现，有 67.9% 的人（年龄低于 50 岁）会给父母资金上的支持，每年资助最为集中的两组金额为 1000～3000 元和 3000～5000 元（众数数值），可见子女资助父母是较为普遍的现象。这样的资助主要是在逢年过节的时候和父母有大额花销的时候提供，一方面，子女的资助可以解决父母的资金困难；另一方面，从家庭情感的角度上来看，子女给予父母资助也是家庭亲情表达的一种方式。

首先，由于现在的父母多数有退休收入，所以传统的“赡养费”已经变得不是那么必须和强迫，子女为父母提供资金支持往往是出于“孝心”，在父母支付有困难的时候解决他们的资金问题，或者是出资帮助改善父母的生活条件，或者是为父母购买各类保险已解决后顾之忧。这样的资金支持对中低收入父母来说非常必要，能确实解决他（她）们的生活所需，对于资金充裕的父母来讲可以感受到子女的关爱，并且这两种情况都可以起到促进家庭和谐的作用。鉴于目前子女给予父母的资金支持主要是一种随意的行为，缺少计划性和针对性，也不能通过金融运作使家庭养老资金获得更高收益，因此可以考虑把传统的“赡养费”变为有管理的“家庭共享养老账户”的一部分，通过有计划的、长期的资金投入和专业化的资金配置与运作，更好地提高子女赡养父母的效用。

其次，父母在子女的未来需求上谋划长远。在访谈中我们还发现，父母对未成年子女的投资也是一个值得关注的现象。中国父母对子女的爱非常强烈，特别是独生子女一代的父母，他们中的很多人甘愿为子女倾其所有，为子女做长远谋划。除常见的意外伤害保险外，有些父母会为子女购买长期的教育、分红、大病或人寿保险，为子女的将来提供资金保障。因为按照保险的特点，越是在低年龄阶段购买缴费少而保障长，而这个时候子女是无力为自己购买保险的，父母为其购买从家庭总效用上来讲更优。

无论从子女对父母的资助还是父母对年幼子女的长期资金准

备，这都体现了家庭资金互助的特点，如果我们对其进行合理的科学规划，家庭养老资金的准备将更为有效和高效，这是设立家庭共享养老账户的重要基础。

5.1.3 基于互助经济的养老金融创新

“互助经济”源于“共享经济”，即人们在公平享有社会资源的基础上，各自以不同的方式付出和受益，获得经济红利。在我国，人们之间开展“互助经济”由来已久，在新中国成立初期经济比较困难的时候，我国职工收入比较低，在婚丧嫁娶或家庭购置大件的时候往往需要通过“互助会”来帮助实现。其形式也较为简单，一般为参加者按月拿出一定的资金投入“互助会”中去，形成资金池，会员中如果有需要使用大额资金的可以提出申请，通过之后可以使用资金池中的资金，包括其他人的资金，往往超过自己所投入的资金数额，会员按约定可以轮流使用资金池中的资金。这既是一种定期强制储蓄，又是一种借助他人的资金解决燃眉之急的方法，在经济困难时期为一些家庭解决了资金筹措的难题。

把“互助经济”的理念用到养老金融中来，同样可以解决部分家庭养老资金不足的难题。调研中发现，多数受访者愿意加入“家庭共享养老账户”，对此持非常积极的态度，这为设立这一账户奠定了基础。但同时我们也发现了几种不愿意参与这一账户的情况，原因主要为一是父母经济条件能自给自足，不需要子女资助，甚至还能在经济上帮助子女；二是子女不具备经济能力帮助父母；三是父母不愿意与子女建立共享账户，更愿意“自己的钱自己管”，“亲兄弟明算账”。鉴于这些顾虑和现实，“家庭共享养老账户”是建立在家庭成员自愿的基础上的账户，可自由选择是否建立和参与。从我国的实际情况来看，由于独生子女家庭由于其家庭结构简单，父母与子女之间不易产生经济矛盾和纠纷，因此，相比多子女家庭来说，更适合和更易于建立家庭共享的养老账户。

5.1.4 “家庭共享养老账户”实现全生命周期服务

养老服务金融应该是覆盖人的生命周期的服务活动。根据生命周期消费理论，人们需要在生命周期的不同阶段，根据所处的经济条件和可支配收入水平，对消费和储蓄进行优化安排与合理配置，以实现个人与家庭效用在整个生命周期最大化的目标（岳磊，2017）。“家庭共享养老账户”延伸了传统的生命周期消费理论，能实现从一个人尚没有经济收入的幼年时期到失去劳动能力的老年阶段真正意义上的全生命周期覆盖服务，更好地实现养老资金长期和综合规划，实现家庭资源在配置和选择上的跨代实施，不仅体现了子女赡养父母的传统社会价值，也彰显了父母关爱子女的慈爱文化，实现幸福养老的目标。结合问卷调查和访谈中对建立“家庭共享养老账户”的高认可度，未来这一账户或将成为我国社会许多家庭的一个重要选择。

5.1.5 “家庭共享养老账户”弥补“三支柱”体系的不足

如 1.1.3 和 1.1.4 中所述，国家的养老保障体系虽然在不断完善之中，但迅速加剧的老龄化和先前养老金储备的不足以及来源的单一，使政府在满足广大退休群体的养老金保障方面力不从心，也就是短期内若要全面满足广大民众的养老需求，特别是低收入群体的养老需求，如大病、特殊照护等大额资金支出的项目，仅靠基本社会保障提供的养老金是存在困难的，每个人，每个家庭要积极行动起来，投入主动养老储备的活动中。“家庭共享养老账户”在“三支柱”体系之外，为家庭在养老方面提供了一个新思路，鼓励以家庭的合力解决面临的养老需求，通过金融机构的专业化服务，帮助家庭实现更好的资产配置和选择，变过去简单的“储蓄养老”（往往意味着低收益，难以跑赢通胀）为“投资养老”（意味着风险分散，最大化地获取收益，并能实现资产的合理规划和跨代转移）。从政府层面上来讲，鼓励家庭建立家庭共享养老账户可以减轻当前所面临的社会基本养老资金方面的压力，尽快实现促进养老社会服务和人民幸福养老的目标。

在本书 1.2 中我们提到，在三支柱养老金模式的基础上，世界银行在 2005 年提出了旨在解决老年贫困的非缴费型、国家财政支撑的零支柱和以增加家庭帮扶为主的非制度化的第四支柱。目前我国的“城乡居民基本养老保险”即为“零支柱”，而“第四支柱”在我国尚未提上议程，还处于非正规制度的状态。结合我国现实情况，进一步健全非正规社会保障的“第四支柱”，通过子女供养和家庭间的资金转移等方式，健全论理性的家庭养老制度，提高老年人的生活水平合乎我国的国情和现实。在目前我国“三支柱”体系尚未完善，且不能完全满足人们养老需求的现实情形下，鼓励发展“家庭共享养老账户”可以在顺应我国文化传统和人们情感需求的基础上，利用金融机构的专业性服务，鼓励家庭建立养老长期和综合的金融规划，为父母、自己以及子女的养老生活积累长期安全的养老储备，从而弥补国家目前在养老金准备方面的不足，让人们过上美好的老年生活。

5.1.6 “家庭共享养老账户”引导家庭正确的理财观

通过调查我们也发现，人们对于投资理财存在一个非专业的错误认识，即希望投资同时实现短期性、灵活性和高收益性，这在理论上来讲是矛盾的，难以实现（少数投机行为可以实现，如在房地产市场持续快速上升的时期，炒房行为可以带来这样的收益）。因此，政府、广大金融机构有必要引导民众树立正确的投资理念，提倡长期性投资，避免短期投机性的行为（董登新，2018），改变国民既要高收益又要短期投资的错误理念。

此外，一部分人群缺乏正确地金融资产管理思维和方式。在本书 3.4.1.2 的分析中我们发现，40 岁的年轻人进行养老储备的比例较少，甚至有的年轻人还需要父母资助，部分50岁以下的中年人也因应付当下的家庭生计而无暇顾及养老储备。这样的情况一方面是因为他们收入普遍不高，另一方面也存在个人和家庭在金融理财方面存在欠缺。比如，社会上有很多“月光族”，一般为年轻人，这些年轻人的消费存在“拿铁因子”① 效应，生活中对很多不必要的小额支出并不在意，但久而久之累积在一起就是一笔很大的数目，而如果把这些资金节约下来进行有计划的投资那将为其今后的养老提供很大的帮助。再比如，很多人在养老资金准备方面存在“能剩多少就存多少”的心理，这也是缺乏金融意识的一种表现，有这样想法的人们往往是采用“收入 - 消费/支出 = 储蓄”的方式，这样导致的结果就是很少有剩余用来储蓄。为得到需要的金融储备，正确的方式应该是“收入 - 储蓄 = 消费/支出”，这样可以通过强制性的储蓄来抑制一些不必要的消费，从而达到为今后养老做好准备的目标。建立“家庭共享养老账户”的一个目的就是帮助人们树立正确的家庭金融管理理念，养成良好的储备习惯，进行合理的理财，为养老作科学的规划，引导人们把随意性资助父母的行为和自己的养老储备计划，变成强制性的、有计划的理性行为，提高父母和自己老年生活的品质。

5.1.7 “家庭共享养老账户”为金融行业带来新的业务增长点

“家庭共享养老账户”的资金为金融行业带来新的资金来源，虽然，这一账户的部分资金来源于金融机构已有的账户，但通过“家庭”的代际积累和传承，会使这一账户的资金呈现规模上的增长。另外，由于金融机构可以为这一账户提供专业化的增值服务，

① “拿铁因子（Latte Factor）”一词是由作家兼金融顾问大卫·巴赫首先提出的，是指人们每天生活中如买杯咖啡般可有可无的习惯性支出，如果能把这些不必要的开支节约下来用来进行长期复利投资，其长期收益将非常可观。

吸引个人和家庭更多地将资金投入这一账户中。这些都能增加居民和家庭在金融机构中的资金汇集，成为金融机构长期投资的资金来源，并能助力金融行业转型和升级。

再者，家庭共享养老账户的资金一般为长期投资，可以成为金融机构的长期负债，为金融机构带来更多的投资选择和更高、更稳定的投资收益；同时也有利于金融机构为发展养老产业提供更多贷款，促进养老产业发展；更为重要的是，长期的稳定资金可以改善金融企业的负债结构，降低其面临的流动性风险，有利于金融机构的健康发展。

家庭共享养老账户的资金可以看作“养老金”的一个组成部分，可以通过金融机构进行长期、稳健和综合性的投资，获取稳定的长期收益，满足满足民众养老需求的同时扩大了金融机构的盈利来源。

5.2 “家庭共享养老账户”拟具备的功能

5.2.1 实现养老资金储备增值与代际传承

“家庭共享养老账户”通过集中家庭资金，并由专业金融机构进行专业打理，帮助人们对养老储备按生命阶段合理安排与配置，实现比居民个人打理养老资金更加有效的结果，这是养老账户最为直接的功能。通过这一账户子女为父母长辈提供养老资金支持，可以解决一部分老人养老资金不足的现实问题，把子女较为随意给予父母长辈的支持变为合理科学的理财规划，让同样的初始投资产生更大的价值，实现更多的保障功能，是建立家庭共享养老账户的价值所在。

“家庭共享养老账户”还可以实现家庭资产的代际传承，即账户中的资金和资产可以在账户共享者同意的情况下自动传承给其他账户共享人。账户的参与者可以在加入之初签署认可协议，同意账户资金优先由 60 岁以上老人使用，在共同持有人过世后，剩余资金可自动传承给其他共享人，并且对这部分资金执行免遗产税的政策。这样会减少家庭财产在代际间传承时的成本，极大地促进家庭加入共享养老账户的积极性。

5.2.2 享受税收优惠

对“家庭共享养老账户”进行税收减免会有助于推广这一账户，吸引人们积极参与进来。再者，从理论上来讲，对共享养老账户提供税收优惠（税收减免或者递延纳税），能改变参与主体的成本收益函数，通常享受税收优惠政策的账户相比一般投资和储蓄账户可以获得更高的税后回报，进而会影响参与主体的消费投资决策，改变其行为，并进而优化市场均衡，建立“形成长钱”的机制（段家喜，2018）。从实践上来看，减免税收也是许多国家普遍采用的鼓励政策，通过此举推动民众积极加入养老计划，起到鼓励民众对养老进行投资的作用，减轻目前以及将来国家在养老保障方面的资金紧张状态。

5.2.3 享受政府补贴

除了税收减免政策外，借鉴日本在长期照护险方面的做法，政府可以对家庭共享养老账户在购买养老服务和养老金融产品时给予补贴，比如在购买养老保险产品时给予补贴；在购买养老服务，如社区养老上门服务，长期照护服务等给予折扣。相比递延纳税，直接补贴的做法更能照顾到低收入群体，让他们获得直接的好处，因此更能吸引民众参与加入家庭共享养老账户。

在购买养老产品时享受政府补贴优惠。老年人在购买养老产品如轮椅、老年人护理床等各类老年用品，以及家庭进行适老化改造时，如卫生间的辅助设置安装，家庭无障碍改造等，如果使用家庭共享养老账户进行购买就能获得一定的折扣等优惠。

5.2.4 养老服务贷款优惠

“家庭共享养老账户”拥有者可享受养老服务贷款优惠，比如在其进行家庭适老化改造时可申请优惠贷款，在财力上帮助家庭进行适合老年人生活的各项设施改造于改善，提高老年人生活舒适度和方便性，促进家庭养老的可行性。同时，由于家庭共享养老账户的可延续性，贷款可由账户资金进行偿还，突破了贷款人受收入和寿命影响贷款可行性于额度的限制，能大大提高老年人获得贷款的可能性。

5.2.5 优惠享受国家和社区提供的养老服务

在大力提倡家庭养老、社区养老的今天，老年人购买养老服务将会非常普遍，而低收入老年群体在购买此类服务时会面临资金的困难，使用家庭共享养老账户可以解决这一困境，由于时家庭共同累积账户资金，相对老年人自己的积累要更加充裕，因此，老年人在购买养老服务时会有更充足的资金。并且，为鼓励家庭合力养老，可对持有此账户的老人提供优惠，如在其需要购买社区每日上门家政服务时可以享受优惠，相对没有此账户的人能享受到更加便宜的服务，方便老年人购买更多更好的社区服务。

5.3 建立“家庭共享养老账户”金融行业需提供的服务

5.3.1 专业账户管理，让养老金融服务更加个性化

“家庭共享养老账户”一个重要的基础是：金融机构要积极开

展“一对一”的专业服务。在调研中我们发现，由于金融产品和服务的专业性特点，普通人很难对其进行全面和细致的了解，因此由个人或家庭自行进行账户运作的效率相对专业人员运作是低的。例如，由专业人士管理的养老目标基金自推出以来年化收益率超过了16%，而个人理财的收益是远远低于这个水平的。就提供专业化服务而言，英国学者布莱克早就提出：各国在面对复杂的养老问题时，需要能提供恰当且具可持续性的解决方案的专家，他们具有养老金律师、精算师、投资经理、会计师等专业的综合能力，研究如何将养老资金更有效率地投资于货币市场证券、债券、股票、集合投资工具、不动产、衍生工具以及另类投资等金融产品（胡继晔，2017）。“家庭共享养老账户”的构想是由金融机构为家庭提供“一揽子”的综合金融配置和运营管理，而不仅仅是某一个或某一类金融产品的运作，这就更需要具备综合金融知识的专业人士打理。根据现实的需要，金融机构通过为民众提供专业及定制化的金融服务，能提升服务的针对性和有效性，增加老年人效用，提高他们的安全感和幸福感，并能减轻子女的负担，让他（她）们能把更多的精力放在工作上，促进家庭和社会和谐。鉴于目前在此项服务方面的薄弱甚至缺失，这是今后广大金融机构应着力建设和加强的方面。

5.3.2 建立综合养老金融服务

目前，按照我国对金融机构的监管，银行、证券、保险、基金、信托等金融机构属分业经营、分业监管，但同时这些业务也会同时存在于一个集团公司之中；金融市场的四大主要领域——银行、证券、保险、信托——在服务养老金融中自成体系，发挥着各自的优势。通过前期调研，我们发现，这几大领域在提供养老产品和服务方面各有特色，如居我国金融业首要地位的银行业担负着养老金融的基础作用，在传统储蓄养老的时代，银行是居民储蓄和理财产品的主要提供者，具备极强的流动性和收益性的特点；证券和基金行业是养老资金投资于资本市场的主要渠道，虽然其本身推出的带有养老特色的产品不多，但它实际上承担着养老资金保值增值的重要作用，为养老资金的长期收益提供了可能；保险业是养老产品提供的主要渠道，它为民众提供了从幼年到老年的多种养老产品选择，为民众提供包括养老保险金领取、大病赔付、意外伤害等多项养老保障；信托业作为发展较晚的金融领域在提供养老服务金融方面却最具活力和影响力，它起到了将金融资金联通实体经济的作用，在为政府融资用于提供养老设施与服务、对企业进行投资用于建设养老产业等方面都起到了巨大的作用。

建立综合的养老服务金融业务，需要对“家庭共享养老账户”进行全面业务的运营，这就需要不同产品和服务能为账户灵活自由的选择和投资，但目前的管理模式并不利于这一构想的实现。结合国外综合养老服务的做法，可以尝试在金融机构内建立养老专门金融部门，打通不同金融产品由多家机构分散经营的分隔，形成跨越所有金融领域的综合服务能力，实现账户投资的多样化选择，为全生命周期金融服务提供可能。

5.3.3 加强对“家庭共享养老账户”的宣传

鉴于调研中，被调查者普遍反映的“金融机构对自身产品宣传不够”的不足的问题，金融机构应积极对待，克服这一不足，要利用各种媒介，加强对“家庭共享养老账户”宣传和推广，让广大民众了解账户功能和好处，从而能积极加入建立这一账户中来。现在多家银行已经设立了社区银行，这些银行分支机构最贴近客户群体，贴近每个家庭，它们的宣传可以帮助人们更好地了解这一新型模式。再者，目前更大金融机构可以利用广大的现有客户群体，通过短信、网银和掌银 App 等现代工具高速、便捷地进行宣传和推广。积极的推广无疑是加快这一新型模式被民众接受的首要举措。

5.3.4 利用科技手段改善服务水平

科技的进步日新月异，也已被广泛的采用于金融行业中，如大数据技术在现今社会的各方面发挥着巨大的作用，可以帮助分析掌握消费者习惯、消费偏好，信用水平和能力等。通过大数据技术的采用可以更好地帮助金融机构掌握客户需求，及时设计针对性的产品，满足客户需求，提升客户满意度，后台技术的提升对金融行业完善服务助益很大，同时能改善金融机构的风险控制和智能化服务水平。另外，现在各金融机构提供给客户的新技术手段已经很多见，如利用新型设备如智能手机进行金融业务操作已经变得相当普及，特别是中青年客户群体非常适应和喜欢使用这样的线上服务。然而对于老年群体来说，利用科技手段提升服务的时候要注意他（她）们对科技服务的接受能力，有些智能化服务可以帮助老年人轻松使用，如人脸识别代替密码输入，但有些智能化手段，如通过手机或电脑进行操作，对有些老年人来说由于并不懂得如何操作，反而增加了他（她）们的不便，因此这就要求金融企业从老年客户实际情况出发，开发适合他（她）们的科技手段。

5.3.5 不断研发和拓展“家庭共享养老账户”的服务内容

金融机构应把自己定位为“服务”的角色，成为养老服务体系中的一个重要环节。家庭共享养老账户是服务于家庭的养老账户，主要服务对象是老年人，但从根本上是要解决年轻人在养老问题上的长远打算和减轻他们赡养父母的负担（通过账户价值升值和优惠购买社会服务等）。金融机构应不断研究养老需求的最新变化，以满足需求为宗旨，加大创新力度，不断推出符合老年人需要，符合家庭需要，符合时代特色的服务内容。如互联网等高科技手段在金融领域的应用，可以解决老年人记忆力下降，甚至失智老人安全使用账户的问题；远程操作、金融账户嫁接社会服务等多项功能都需要金融机构尽快研究开发出来，以不断拓展家庭共享养老账户的服务内容。

5.4 建立“家庭共享养老账户”需要的政策支持

5.4.1 批准成立专门、专业的公司运作家庭共享养老账户

养老服务金融业务有着明显的混业经营特征，不同于现在我国普遍采用的分业经营模式。为更好地创造和发挥家庭共享养老账户的优势，建议政府批准设立专门机构对这一账户进行全方位的经营运作，充分发挥金融综合协同和金融机构在人才、专业技能方面的优势，使该账户拟定的各项功能得以实现，最大限度地为账户持有家庭创造最大化价值。这一专门机构不应只是现有部门称谓的变化，而是从业务范围和功能上的全新设计和改变，赋予这一机构更多的创新权利，围绕养老这一核心开展有针对性的创新活动，提供相应的服务。

专门机构应在经营业务种类方面具有更多的灵活性，一方面其为客户理财可以根据客户需求广泛选择资本市场上的现有产品，增加投资的多样性，提高灵活性和分散风险的能力；另一方面，对于机构掌握的账户资金可以进行更广范围的投资。现有的养老金投资管理模式在投资品类方面监管限制严格，主要投资于权益类和固定收益类产品。借鉴国际经验，养老服务金融专门运营机构可以投资于更广泛的领域中，如养老地产、基础设施等产业中去，从而提高投资效率，增加客户收益。

5.4.2 鼓励性政策要与居民养老实际需求相结合

随着我国老龄人口数量的增多，其群体也会呈现多样性，各类

鼓励政策应该有的放矢，要针对不同年龄段、不同区域、不同经济实力制订针对性的鼓励政策，更重要的是，政策要与居民的养老需求结合起来，针对目前大病、照护等民众急需的养老需求，出台支持性的政策，如为促进家庭养老的有效实现，鼓励子女购买或置换和父母在同一小区的房子，政策可支持金融机构给予贷款优惠，并优先考虑允许购买社会保障型住房；再如，政策可鼓励在使用家庭共享养老账户购买社区照护服务时享受政府补贴等。

5.4.3 以法制形式规范养老服务金融建设

在本书1.5中列举了至今为止国务院及各部门在强调发展养老金融方面的各项政策，从中可以看出国家对这一工作的重视。但总体而言，现有政策过于宏观，缺少具体的实施指导与配套细则，相关金融机构还无法立即把政策要求转变为行动，因此亟须出台政策细则和配套措施。再者，鉴于各部位颁发的文件以政策的形式出现，低于法律的位阶，未来应把此类规范性文件的内容转化为正式法律，融入《商业银行法》《证券法》《信托法》等法律中去（胡继晔，2017），使金融服务养老在法律上得以体现，提升养老金融的推行力度和快速发展。

5.4.4 加强对养老服务金融的监管

金融业由于其在国民经济中的重要性关系到国家经济安全，社会稳定，因此是受到高度监管的行业。高效的监管是防范金融风险的前提，养老金融产品和服务涉及的民众的养老钱，关系到广大老年人的晚年幸福和家庭和睦，因此政府监管部门应对各金融机构在管理养老金融产品方面采取更加谨慎稳健的监督管理。但近年来，由于正规的养老服务金融发展迟缓，滞后于民众对养老服务金融的需求，再加上市场机制不健全，监管跟不上，导致非法融资中介机构的泛滥，对老年人进行诈骗，造成极大的经济损失和社会负面影响。此外，正规金融机构推出的所谓“养老产品”也存在名实不符的问题，也需要监管部门对其进行规范和监督。

建立“家庭共享养老账户”，需要协同多个金融领域的产品和服务，并需要建立专门的运营部门，在这种情况下，金融监管应适当增强金融机构经营的灵活性，允许各金融领域的相互融通，提高协同效应。在目前分业经营和分业监管的框架下，政府应该研究如何对被监管的各方进行信息沟通，协同管理，加强监管的有效性。

5.4.5 强化对金融机构的服务意识引导

金融机构作为企业，其追求目标为“利益最大化”，这本无可厚非。但作为影响国家经济发展、关系民生问题的关键性的行业，金融行业又担负着极强的社会责任。政府应引导金融机构“服务社会”的意识，不唯利润论成败，在保障金融机构运行安全的前提下，强调它们作为重要的经济调节部门发挥关注民生问题、服务民生需求的积极作用。针对目前金融行业只注重绩效，对于养老金融的关注更多的是如何获得养老金运营资质上，养老金融产品和服务创新速度慢，效果不佳的现象，政府有关部门应对其进行引导，让创新养老金融产品和服务成为考核金融机构绩效的重要组成部分，从而令其充分认识到积极创新符合民众养老需求的金融产品的重要性和必要性，并付之以行动。

5.4.6 加强对群众养老金融知识的普及

在目前国民普遍缺少金融知识的背景下，政府宜发动国有金融机构、居民社区等各相关部门主动开展宣传教育工作，加强民众养老储备的长期化意识和家庭互助的意识；要实现建立“家庭共享养老账户”的设想，需要对群众进行账户功能和优势的介绍和引导，帮助他们了解和理解加入这一账户的好处。可以通过政策的形式倡议金融机构担负起对广大民众进行养老金融知识普及的责任，特别是国有大型金融机构，普遍受到民众的信任，可安排专门的部门开展养老金融知识宣传工作。通过它们的宣传，普及正确的金融知识，特别是帮助民众建立投资养老和养老问题要提早重视的意识，能起到良好的效果，并能防止金融诈骗的频繁发生，把老年人的养老金融需求引导到正确的方向上来。

5.5 本章小结

本章对“家庭共享养老账户”这一养老金融新模式的构想进行了详细的分析和讨论，以期对养老服务金融供给侧的创新提供有益的思路。

通过前期的调研我们发现建立“家庭共享养老账户”具备一定的民意基础，超过60%的被调查者和受访者都明确表示欢迎这样的一个账户用于家庭养老的金融储备与管理，它的设计思想也符合我国传统文化的传承和实践；而且这一账户的推广和实践能起到改变人们落后的养老理财观念和习惯的作用，并帮助人们树立从全生命周期的角度进行养老储备规划的正确理念。同时，这一账户的构想如果付诸实施可以解决我国社会保障过度依赖养老金所带来的资金不足问题，可以作为一种方案补充和完善“三支柱”体系。此外，“家庭共享养老账户”这一养老服务金融新模式可以为金融机构带来优质的长期投资资金来源，提高金融企业的投资稳定性和营利能力，并能很好地改善金融机构的负债结构，降低金融风险，有利于金融企业的健康发展。

“家庭共享养老账户”的主要功能在于帮助中低收入的老年群体获得更多和更稳定的养老资金来源，并能通过提早准备和专业操作实现养老资金的更高收益。除此之外，这一拟设立的账户还希望能通过获得政府提供的各类税收优惠和补贴以帮助老年人获得更好的养老服务，并能吸引更多的家庭参与到家庭共享养老的新模式中来。这一账户的代际传承功能可以让家庭享有不断的养老储备资金，真正实现覆盖全生命周期的长期养老规划和储备。

如果要实现这一新型金融模式的构想，金融机构需要从“一对一”的专业化服务和综合业务提供能力等方面改变现有的养老业务模式，培养专门人才，并能通过广泛和深入的宣传让人们了解和接受这一新型模式。同时，金融机构应该加强与养老服务部门的合作，促进养老服务金融与养老服务产业的融合，使参与“家庭共享养老账户”的群体获得更多便利和实惠。此外，金融机构应围绕这一新型模式积极开展产品研发和业务拓展，不断丰富服务手段和内容，满足个人和家庭的养老实际需求，促进社会养老事业的整体发展。

为了帮助“家庭共享养老账户”这一养老金融新模式能从构想变为现实，希望政策层面也能做好支持和配合工作。一是作为跨业务种类的综合性养老服务金融模式，“家庭共享养老账户”需要多种金融产品和服务的结合，是实际上的“混业经营”，这就需要政策层面给予支持，探讨这一经营模式适合的方式和可行性。二是政策的制定和推出要更好的围绕群众的养老需求和对养老服务金融的需求，要能细化，好执行。三是政府还应加强对养老服务金融的业务监管，指导金融机构发展适合的养老产品和服务，保障“家庭共享养老账户”的有序发展。四是加强对家庭互助养老的理念宣传和相关的金融知识普及也需要政府有关部门给予积极的推动和指导。

第 6 章 讨论和总结

本书就目前我国面临的严峻的老龄化问题，从养老服务金融的角度，对金融供给侧如何通过创新来更好地服务民众养老需求进行了研究和探索。研究发现，目前我国金融行业在国家的政策引导下已经开始积极发展养老服务金融业务，在产品内容上和服务的形式上与养老概念做了联系，并在传统的银行和保险产品基础上积极开发基金类和信托类的养老产品。总体来说，我国金融行业的养老服务金融业务还处于初级发展阶段，在养老产品的供给方面还有很大的提升空间，特别是对应我国民众的养老需求创新开发养老类金融产品，提升服务老年群体的综合能力等方面亟须进一步完善。

6.1 养老服务金融的供给侧创新应更加贴合养老需求

我国的金融业自改革开放以来经过一步步改革和发展，取得了较快的发展，特别是在过去的 10 多年中，新的金融业态和金融产品与服务不断推出，极大地提高了金融行业服务国民经济和民生的能力。在我国快速进入老年化的今天，金融行业面对这一新情况也在积极探索新的产品和模式以更好地为老年化社会服务，并且已取得了一定的成果，推出了多种带有养老概念的产品，也开拓了养老社区这样的新型服务模式，满足了人们对养老服务金融的一部分需求，但相对我国规模巨大和日益增长的老年群体需求来看，金融业的服务还需要进一步提升。

通过研究我们发现，老年群体在养老需求方面普遍对医疗和照护有着强烈的需求，并且随着收入水平的提高，对精神文化方面的需求也越来越多。而与这些需求相对的金融产品和服务却相对缺乏，老年照护保险和老年信贷的产品还很少，不能很好地满足人们主要的养老需求。金融行业提供的金融产品和服务目前还以低风险、低收益的储蓄类和保险类产品为主，其他风险收益类的产品相对较少，门槛较高，这种情况无法很好地解决一部分家庭对养老资金的需求。

目前养老服务金融产品具有与传统产品同质化的现象，未能从产品和服务的内涵和外延两方面真正满足养老的需求，加之以传统产品为主且种类较为单一的供给特点，民众的投资选择较少。现有养老服务金融产品虽具有安全性和灵活性高的特点，但产品的收益普遍较低，且多为短期产品。对于需长期投资且风险较高的产品，虽然其收益较传统产品高，但中老年投资者由于对其复杂的条款难以理解，对未来收益不确定存在担忧，所以并不愿意进行投资，这就更加重了对传统产品的依赖。更有一些金融产品，由于其设置的进入门槛高，只关注高净值人群，致使中低收入群体在投资选择方面变得更少，反映了养老金融在普惠性方面的不足。

另外，金融企业自身也存在注重短期效益的问题，在产品设计和开发时是以营利为主要考虑，对于风险较高，收益较少的养老产品则不愿提供，销售人员也因提成少而不愿主动推广。以利润最大化为目标是企业的基本考虑，金融企业也不例外，但除谋求自身利益外，金融机构同时也是支持和稳定国民经济的关键行业，关系到社会稳定的大局。因而，面临日益严峻的老龄化挑战，金融机构应积极担当企业社会责任，把民众和国家的利益作为企业战略的主要考虑，在追求利润的同时，应把当前国家和民众的实际需要摆在重要位置，设计满足人们养老诉求的产品和服务，为民众解决实际困难，为政府分忧。

总体而言，相对于国民经济中的其他部门，我国的金融行业和金融市场发展得还不够成熟和稳定，在服务人们的养老需求方面还缺乏经验，存在供给与需求的错配现象，需要加快、加大对养老服务金融供给侧的创新。要从金融行业自身出发，积极树立全生命周期养老的理念，并引导广大民众进行长期养老投资，加强对养老有针对性的产品开发，增强产品的普惠性，同时通过延伸金融服务的空间和领域，加强与养老产业的深度合作从而丰富养老金融产品的内涵，让金融服务养老变得更加全面和便捷，真正满足人们的养老生活需要，更好地应对老龄化社会难题。

6.2 养老服务金融创新应探讨多种可行模式

发展养老服务金融需要但不限于对金融企业的现有组织架构进行完善，更要在制度和实践上进行突破，不仅限于形式上的变革，更应强调内容上的创新。

首先，金融企业要进行组织模式创新。要把养老业务作为重要的组织部门，给予其战略上的优先地位，集中资源针对养老主题进行创新活动。组织架构的创新是金融企业做好养老服务金融的根本保障，它涉及国家金融监管的优化，以便于适合养老服务金融的综合性特点。在现有的分业监管的框架下，金融企业可以谋求通过建立多个业务经营机构的战略联合，或者通过建立金控集团等方式，打通不同金融产品部门的联系，实现养老服务金融产品的综合性目标。

其次，金融行业要建立“长期投资”的养老业务模式。一方面金融机构自身要克服短视的行为，从投融资两方面强调养老资金的长期性，把开发和推广长期养老产品作为重点，真正体现养老服务金融的保障作用。另一方面，要引导民众把养老储备的时间点提前，帮助大家树立“有准备的养老”理念，通过产品设计打造覆盖全生命周期的产品线，以多种有吸引力的产品为基础，引导民众为养老进行长期投资，改变现在“储蓄养老”的现状。

再次，金融行业要建立专家式的养老服务模式。金融属于专业性很强的行业，普通民众在理解金融条款时存在困难，特别是中老年群体，他（她）们对复杂的金融产品更难以搞清楚损益利弊，因此存在畏惧心理。对于如此专业的服务来讲，提供专业指导和专家式服务是一种最为可取的方式，因此，要求金融机构要加快专业人才队伍的建设和培养，尽快形成一支精通养老投资规划、养老产品配置与组合的专业人才队伍，逐步提高对养老客户的专家级服务水平，帮助人们更好地进行养老规划和投资。

最后，建立互助养老的“家庭共享养老账户”新模式。养老作为社会性的大问题，需要建立涉及社会多方参与的互助体系。我国采用目前国际通行的“三支柱”体系，即政府、雇主和个人三方共同投资，分担人们退休之后的养老资金需求。但目前我国的养老体系还过于依赖政府一方，雇主和个人的投资账户覆盖率还很低，这就造成国家和很多地方政府在负担养老金方面遇到了很大的困难。国家一方面在积极的督促雇主方主动承担对雇员的社会保障义务，一方面也在为个人养老账户的顺利推广提供税收递延等优惠政策，这些做法可以在一定程度上缓解养老金压力难题。在结合我国国情和文化传统的基础上，本书提出，应尝试建立“家庭共享养老账户”这一新模式，作为现有“三支柱”体系的完善和补充，以获得更多的养老资金来源。调研的结果也支持我们提出的这一构想，目前相当多的家庭中子女资助父母养老是普遍的现象，是一些老年人养老资金缺口的主要填补者；而很多父母更是从子女幼年时就为其将来的教育、婚嫁甚至养老购买了保险产品等作为保障，这些都充分表明建立以家庭共享为基础的养老账户具有良好的现实基础，也得到了多数被调查者的认可。“家庭共享养老账户”构想是个人养老账户的扩展，其共享的特点也有利于民众更为长期的养老储备，通过代际传承得以实现。由于它的长期性，可以将更多适宜养老投资的金融产品，如基金和信托等组合到账户投资配置中，有利于投资者获取更高的收益，也有利于金融机构获得更为长期稳定的利润。这一构想的实现需要得到政策层面的支持，在税收优惠和政府补贴等方面给予民众真正的实惠，这样才能有吸引力。

6.3 养老服务金融创新应加快步伐

鉴于我国老龄化速度加快的现实，相应地，金融行业对养老服务金融的创新也应加快步伐。未来30年我国的老龄人口将有快速的增长，预计到2060年左右，65岁以上人口将达到最高峰值，接近总人口的1/3，即每3个人中就有1位老年人。同时预计到21世纪中叶，我国的老年人口消费群体近4亿，老年人口的总流量也将达到10亿，如此巨量的老年消费者为我国金融行业带来发展的“蓝海”，金融行业应主动快速的迎接这一发展的机会，加快养老服务金融创新的步伐，做好服务这一新蓝海市场的准备。同时，通过开展对综合性要求较高的养老服务金融业务，金融机构也能达成产业升级的目的，逐渐缩小与发达国家在养老服务金融以及其他金融领域方面的差距，应对金融市场化、国际化、多元化的趋势要求。

首先，加快创新的步伐需要金融机构更加以市场化为要求，在竞争中求得更快的发展。目前我国的金融体系是以国有银行为主的结构，且银行的规模非常庞大，在国际上也已是排名靠前的大型金融机构，如中农工建四大国有银行均位列国际银行规模排名的前10位。相比之下，保险、基金和信托等金融机构在我国金融体系中占比还相对较小，且处于发展较晚的地位。这样的金融体系结构造成了我国金融机构创新活力不足的问题，国内市场的竞争不足，金融企业产品创新的动力不强，形成了大型金融企业创新迟缓，小型金融企业跟在大企业后面发展的局面。虽然，我国的股份制银行在市场活力方面表现出了一定的积极性和活力，加之它们的经营覆盖面较小，难以在国内形成主流的影响力。因此，要想加快金融行业针对养老金融需求进行有影响力、大范围和快速的创新还需对国内金融体系进行进一步的市场化改革，增强市场竞争对金融创新的推力。

其次，金融行业要积极向国际同行学习加快创新。世界上较早进入老龄化社会的一些国家和地区的做法为我们发展养老服务金融提供了借鉴，为金融机构加速创新提供了很好的参考模式。金融机构要在广泛研究、分析国外先进做法的基础上，制订适合国情的养老服务金融产品和服务模式。金融机构可尝试与国外金融机构开展合作，以合作促学习，加快业务发展和创新的速度。也可以通过人才引进的方式，提高金融机构国际化的水平，减少探索和尝试的时间。在借鉴国外先进模式的时候会遇到金融市场发展水平的差异、监管的差异，甚至是养老投资理念差异等问题，这需要整个国家金融体系进一步完善，优化监管措施，提高我国金融行业参与国际市场合作与竞争的能力。

再次，金融机构要通过多元化发展加快创新。分业监管的机制使我国金融领域各业务部门之间存在明显的业务分割，这不适合养老服务金融综合性的特点，因此金融机构应积极探索多元化的产品创新，从多种产品的组合运用上提高服务养老的能力。监管机制的改变需要时间，在现行的机制下，金融机构可尝试进行养老服务金融产品之间的战略合作，加大与养老产业的深度嫁接，让养老金融产品更能符合民众的实际养老需求；同时积极推动监管机制的革新和优化，以利于金融机构和产品的多元化发展。

6.4 本书的主要价值

本书就我国面临的老龄化社会问题，从养老服务金融供给侧创新的角度进行了实证研究。本书从养老需求端和供给侧两方面入手，进行了一手数据的收集和二手数据的查阅。通过深入的调研和分析，一方面我们梳理和分析了我国现有养老服务金融产品和服务的种类与特点，对其存在的问题和问题的原因进行了剖析；另一方面明晰了民众当前对养老方面的主要诉求和对金融机构在养老产品与服务的提供方面的诉求，从中发现了民众尚未得到满足的需求。在梳理金融供给侧问题与原因、明晰需求端诉求的基础上，本书对发展养老服务金融应做好的供给侧创新提供了建议和思路，并在此基础上提出了建立“家庭共享养老账户”的构想，以期为缓解当前国家和个人面对的养老资金难题提供帮助。

本书的价值主要体现在两方面。

一是在社会保障体系建设层面，本书对于完善我国社会保障的“三支柱”体系提出了补充和新见解，即建议以家庭为单位设立共享养老账户，这一账户可以是个人养老账户的扩展，既符合我国的国情和文化，也符合广大低收入群体解决养老资金不足的现实需要。这一新构想为世界银行提出的“多支柱”社会保障体系提供了中国式设计。

二是在实践层面，本书为金融行业提供了切实可行的创新建议，为政策制定者提供了决策依据。

第一，通过对需求端诉求的挖掘为金融机构围绕养老进行供给侧创新提供了思路和建议，可以帮助金融机构更好地了解民众的养老诉求，使创新更具针对性。同时，本书还分析讨论了金融行业目前在养老服务金融产品和服务方面存在的不足，对于金融企业审视自己的问题并做出改进应有所帮助。特别是对于创新新型养老服务金融模式的建议可以为金融行业提供思路借鉴。

第二，为政策的制定者提供了养老服务金融需求的信息，提出了金融供给侧创新需给予的支持重点，为今后的政策制订提供了支持和借鉴。本书建议政策层面应尽快出台鼓励发展养老服务金融的细则，为金融企业创新养老服务金融给予明确的指导，特别是在监管层面，就养老服务金融所要求的综合金融服务提供更有利于创新的空间。

6.5 今后的研究方向

本书提出了“家庭共享养老账户”新型养老服务金融模式的构想，并对这一模式进行了基本的定义和对应实现的功能提出了建议，但并未对它的技术层面进行具体建构，因此，今后需要在结合国家政策和民众养老需求的基础上，联合金融企业专家一起深入研究“家庭共享养老账户”的具体功能和实现方式，对该账户的缴交方式、使用方式、共享人的收益方式、政府税收减免方式、养老服务补贴方式等进行深度、细致的研究和设计，以使这一新型构想落地，为我国养老服务金融建设做出贡献。

另一个需要深入研究的方面是金融服务养老的智能化解决方案。金融行业是知识密集型的服务型企业，面对今后巨量的养老服务金融需求，仅仅依靠人力很难提供高效率的优质服务，因此，迫切需要研发智能系统，以降低劳动力成本，提高服务的效率和准确性。如果做好智能投资顾问系统与养老投资顾问的结合需要做进一步的研究。

附录 A：金融机构养老产品与服务调研访谈提纲

第一部分：一般性问题

（1）贵单位现有的金融产品和服务包括哪些？

（2）养老业务的重点是什么？

（3）金融机构养老产品和服务的开发、设计是否有专门机构负责？

（4）养老产品和服务开发、设计的依据和关注点是什么？

（5）贵单位现有养老产品和服务面向的人群是哪些？

（6）养老产品和服务在开发、设计中有没有对消费者需求进行过分析和研究？

（7）推出的养老产品和服务有没有关注过消费者的接受能力？

（8）贵单位对养老产品和服务的推广形式有哪些？

第二部分：探究性问题

（1）您对现在贵单位实施的养老产品的现状怎么看？

（2）养老产品与其他产品相比在贵单位中的重要程度如何？

（3）在涉及、推出和推广养老产品的时候有什么机遇？有什么困难和问题？

（4）如果有问题和困难，您认为是由于什么原因造成的？

（5）养老产品是否具有好的市场前景？前景和现状是否吻合？如果不吻合原因是什么呢？

附录 B："养老服务金融需求端诉求"调查问卷

亲爱的受访者：

感谢您抽时间参与此调查。此问卷调查用于国家社科项目"养老服务金融需求端诉求与供给侧创新研究"。养老服务金融涉及各类金融企业，如银行、保险、证券、基金以及其他金融公司为个人和家庭提供的养老产品和服务。此调查的目的是准确了解广大民众对于养老方面的金融服务需求，以促使金融行业能提供适应的产品和服务，为金融行业创新提供建议。此问卷采用匿名调查，所调查信息仅用于社科研究，不用于任何商业用途，调研人员和科研团队承诺不泄露调研对象的个人信息。

感谢您的参与和支持！

1. 您的性别是［单选题］

男　　女

2. 您的教育程度是［单选题］

初中（或相当）及以下　　高中或相当学历

大学（含专科和本科）　　硕士

博士及以上

3. 您现在的婚姻家庭状况是［单选题］

单身，未婚　　已婚，有独生子女

已婚，有多子女　　已婚，无子女

离异或丧偶，无子女　　　　　离异或丧偶，有独生子女

离异或丧偶，有多子女

4. 您所在的地区是［单选题］

华北（北京、天津、山西、内蒙古、河北）

华东（山东、江苏、上海、浙江、江西、福建、安徽）

华中（湖南、河南、湖北）

华南（广西、广东、海南）

西南（四川、云南、西藏、贵州、重庆）

西北（新疆、陕西、宁夏、甘肃、青海）

东北（黑龙江、吉林、辽宁）

5. 您总的家庭年收入范围是［单选题］

3 万元及以下　　　　　3 万～8 万元

8 万～15 万元　　　　　15 万～30 万元

30 万～100 万元　　　　100 万～500 万元

500 万元及以上

6. 您的年龄是［单选题］

20～30 岁　　　　　31～40 岁

41～50 岁　　　　　51～60 岁

61～70 岁　　　　　71～80 岁

81 岁及以上

7. 您希望养老资金能满足您哪些养老需求？可多选［多选题］

基本的衣食住行　　　　　基本医疗

大病医疗　　　　　护理或照护的开支

住养老院的开支　　　　　购买家庭劳务服务

旅游或者其他娱乐消费　　　　　不可预见的开支

其他________

8. 您认为每个月大概需要多少钱才能满足您（和伴侣）的养老需求［单选题］

不超过 2000 元　　2000 ~ 4000 元

4000 ~ 6000 元　　6000 ~ 8000 元

8000 ~ 10000 元　　10000 ~ 15000 元

15000 元以上

9. 您现在每月能负担的养老资金是（按家庭计算）［单选题］

不超过 2000 元　　2000 ~ 4000 元

4000 ~ 6000 元　　6000 ~ 8000 元

8000 ~ 10000 元　　10000 ~ 15000 元

15000 元以上

10. 您现有的养老资金储备是否能负担您的养老需求［单选题］

不能满足　　基本满足

能够满足　　完全满足，还有剩余

11. 接上题，如果不能满足或只能基本满足养老需求，资金缺口有没有人填补？［单选题］

有　　没有

12. 资金缺口谁会来填补？可多选［多选题］

子女　　子女之外的其他亲属

朋友　　社会资助

其他________

13. 从资金来源方面来看，您目前的养老资金主要由什么组成？可多选［多选题］

退休金（已参加社保）　　退休金（没参加社保）

无收入，靠子女供养　　有收入，但仍需子女贴补

金融资产投资所得（如储蓄和理财产品、证券投资、房租等）

房屋抵押　　其他资助

14. 如果可能，您愿意不愿意与父母建立“养老共享账户”用于父母和您自己的养老资金需求？［单选题］

（注：“养老共享账户”指父母和子女共同投资、共同收益的

账户，由专业人士进行一对一投资服务，按照个人和家庭养老需求选择投资适合的保险、基金和理财等产品，主要用于满足老年人在养老方面的需求，实现养老资金保值增值，同时也可用于满足子女年老时的养老需求）

愿意　　不愿意，原因是________。

不好说，对“养老共享账户”的功能还不了解

15. 当父母在养老方面需要资金支持时，您有没有在资金方面给予过他（她）们支持？［单选题］

有　　没有

16. 接上题，如果您有资助过父母，那您平均每年支持多少？［单选题］

1000 元以下　　1000～3000 元

3000～5000 元　　5000～7000 元

7000～10000 元　　10000～20000 元

20000～30000 元　　30000 元以上

17. 如果可能，您愿意不愿意与子女建立“共享账户”用于您自己和子女将来的养老资金需求？［单选题］

（注：“共享账户”指父母和子女共同投资、共同收益的账户，由专业人士进行一对一投资服务，按照个人和家庭养老需求选择投资适合的保险、基金和理财等产品，主要用于满足老年人在养老方面的需求，实现养老资金保值增值，同时也可用于满足子女年老时的养老需求）

愿意　　不愿意，原因是________。

不好说，对“养老共享账户”的功能还不了解

18. 您有没有熟悉的投资理财方式？［单选题］

有　　没有

19. 您熟悉和采用的投资方式是什么？可多选［多选题］

银行储蓄和理财　　保险产品

基金产品　　股票

债券　　房产投资

其他________

20. 您有没有为养老准备资金？［单选题］

有　　没有，原因是________。

还没想过这个问题　　想，但是不知道如何准备

21. 您目前为养老做的金融方面的准备是什么？可多选［多选题］

银行储蓄　　投资银行理财产品

购买养老类的保险　　投资基金公司的项目

投资股票、股市　　投资国家债券或者其他债券

购买其他机构的投资理财产品（指除在银行、保险公司和证券等公司之外的投资）

把攒的钱放在家里　　投资房产

投资贵重金属等　　其他________

22. 您一般是通过什么渠道购买金融产品？可多选［多选题］

到银行、保险公司或各类金融企业的营业网点自行选择购买

亲朋或子女帮忙购买　　通过手机或网络购买

通过各类金融机构的宣传促销人员购买

其他________

23. 您选择投资的信息来源主要是什么？可多选［多选题］

银行等金融机构的自我宣传（店面里的宣传和推介、社区里的宣传）

媒体宣传（电视、网络、手机、电话、报纸、杂志、室外广告、传单等）

朋友介绍　　亲属推荐

其他________

24. 您需要金融机构提供“一对一”的养老金融服务吗？（为您和家庭制订有针对性的养老投资建议和方案等）[单选题]

需要　　不需要

无所谓　　不知道

附录 C：养老服务金融需求端诉求访谈提纲

亲爱的受访者：

感谢您抽时间参与此调查。此访谈内容用于国家社科项目“养老服务金融需求端诉求与供给侧创新研究”。养老服务金融涉及各类金融企业，如银行、保险、证券、基金以及其他金融公司为个人和家庭提供的养老产品和服务。此调查的目的是准确了解广大民众对于养老方面的金融服务需求，以促使金融行业能提供适应的产品和服务，为金融行业创新提供建议。此访谈为匿名访谈，所调查信息仅用于社科研究，不用于任何商业用途，调研人和科研团队承诺不泄露调研对象个人信息。

感谢您的支持和参与！

1. 您现在有没有为养老作资金上的准备？如果有，是如何准备的？如果没有，为什么？

2. 您现在的养老资金准备是否能满足您在养老方面的需求？如果没有满足的话，请详细谈谈原因？（从资金的角度来看，都有哪些养老需求无法得到满足？为什么？）

3. 您认为金融机构（含银行、保险、基金公司以及其他金融公司）现在提供的产品和服务是否能满足您的养老资金准备需要？如果没有（或有），请具体说明一下。

4. 您认为金融机构目前在养老金融服务方面存在哪些不足？

5. 在养老资金方面，您认为家庭成员的帮助起到的作用大吗？如果有帮助，一般是以什么方式进行帮助？

6. 您愿意与父母（或与子女）建立“养老共享账户”用于养老吗？为什么？

（注：“养老共享账户”是指父母和子女共同投资、共同受益的账户，由专业人士进行一对一投资服务，按照个人和家庭养老需求选择投资适合的保险、基金和理财等产品，主要用于满足老年人在养老方面的需求，实现养老资金保值增值，同时也可用于满足子女年老时的养老需求。）

参考文献 References

安信证券. 养老产业专题报告：多层次综合性服务+智能化成未来趋势——从台湾模式看中国养老产业［EB/OL］. https：//www. sohu. com/a/116138724_426837，2016-10-14/2017-2-10.

常沁芮，2016. 中国养老金融现状与政策研究［D］. 西安：西北大学.

陈锦光，2014. 做"养老金融"领跑者［J］. 当代金融家（12）.

陈怡，2014. 金融支持养老服务业路径［J］. 中国金融（23）.

陈艺，2013. 中国养老金融业发展现状分析［J］. 经济研究导刊（4）.

党俊武，2013. 老龄金融是应对人口老龄化的战略制高点［J］. 老龄社会科学（5）.

党俊武. "藏富于老"是国家和全民应对人口老龄化的长期金融战略［J/OL］. 经济，2018-01-11/2018-08-29.

党俊武，2018. 老龄蓝皮书：中国城乡老年人生活状况抽样调查报告 2018 [M]. 北京：社会科学文献出版社.

邓骞，2015. 老龄金融产业大有可为 [J]. 科技智囊（2）.

董登新. 13 亿人中国人急需养老储蓄（J/OL）. 中国养老金融 50 人论坛，http：//www. caff50. net/c/32/914. html. 2018 -08 -31/2018 -9 -10.

董克用，姚余栋，2016. 中国养老金融发展报告（2016）[M]. 北京：社会科学文献出版社.

董克用，姚余栋，2017. 中国养老金融发展报告（2017）[M]. 北京：社会科学文献出版社.

董克用，张栋，2017. 中国养老金融：现实困境、国际经验与应对策略 [J]. 行政管理改革（8）：16 -21.

董克用，2018. 从概念框架到政策探索——我国第三支柱个人养老金发展路径 [J]. 养老金融论坛（1）.

段家喜，2018. 税优个人养老金的关键问题 [J]. 中国金融（7）.

国家统计局（NBS）. 中华人民共和国 2017 年国民经济和社会发展统计公报 [EB/OL]. http：//www. stats. gov. cn/tjsj/zxfb/201802/t20180228_1585631. html. 2018 -02 -28/2018 -03 -02.

和晋予，2014. 养老与信托的“一体化”发展思路 [J]. 当代金融家（12）：82 -85.

贺强，2011. 中国养老金融体系势在必行 [J]. 海内与海外（6）：8 -9.

洪崎，2016. 创新养老金融模式 [J]. 中国金融（7）.

侯明，熊庆丽，2017. 我国养老金融发展问题研究 [J]. 新金融（2）：54 -59.

胡继晔，2017. 经合组织国家养老金是怎样的 [J]. 天津社会保险（2）a.

胡继晔，2017b. 金融服务养老的理论、实践和创新 [J]. 西南交通大学学报（社会科学版），18（4）：1-9.

胡继晔，2016. 养老金融：促进社会保障可持续的重要战略［J］. 中国党政干部论坛（1）：50-52.

胡继晔，2014. 国际养老金制度发展的现状与趋势［J］，中国社会保障（4）.

胡继晔，2013. 养老金融：理论界定及若干实践问题探讨［J］，财贸经济（6）.

胡晓义，2002. 论进一步扩大养老保险覆盖面［J］. 中国社会保障（2）：13-15.

科克罗蒙，1996. 防止老龄危机：保护老年人及促进增长的政策［M］. 北京：中国财政经济出版社.

雷舒雯，2017. 我国商业银行养老金融研究［D］. 哈尔滨：哈尔滨商业大学.

联合国（UN）. 世界人口展望2017（World Population Prospects 2017）［EB/OL］. https://population. un. org/wpp/Download/Standard/Population/.

廖霏，2014. 我国商业银行养老金融发展机遇和对策［D］. 上海：上海交通大学.

刘宝美，丁肖琦，2016. 日本养老金融发展的启示［N］. 金融时报（012）.

马海龙，2015. 商业银行在养老金融服务方面扮演的角色研究［J］. 金融经济（18）：50-51.

清华大学经管学院，同方全球人寿联合课题组，2017. 2016中国居民退休准备指数调研报告［J］. 保险理论与实践（1）.

清华大学经管学院，同方全球人寿联合课题组，2018. 2017中国居民退休准备指数调研报告［J］. 保险理论与实践（1）.

苏罡，2017. 发挥养老保险公司专业价值促进养老金制度实现公平与效率统一［J］. 清华金融评论（z1）.

孙博，2016. 老龄化时代应建立大养老金融思维［J］. 清华金融评论（2）：91－94.

汤兆兴，陈岩，2015. 从三支柱到五支柱：中国社会养老模式的未来选择［J］. 广东社会科学（4）：180－187.

唐心仪，2014. 老龄化社会金融服务创新的国际经验及其启示［J］. 北方经贸（4）：119－122.

唐莹，2018. 中国居民家庭金融资产配置现状及对策分析——基于中国家庭金融调查（CHFS）数据［J］. 经济论坛（8）.

王昂青，等，2015. 养老金融视角下的我国养老市场现状及对策研究［J］. 商业故事（26）.

卫一夫，利嘉伟，罗英，等，2015. 养老准备指数及洞察报告［J］. 首席财务官（21）：52－53.

吴锡扬，黄灿云，2016. 国际养老金融发展经验及启示［J］. 福建金融（5）：40－45.

席恒，任行，2018. 养老金制度责任分担模式的分野与选择：实践模式与价值取向［J］. 陕西师范大学学报（哲学社会科学版）.

谢宁，2015. 关于养老金融的探索实践与思考［J］. 金融纵横（7）.

兴业证券．富人将变老，养老服务潜力欲兑现［EB/OL］. 证券研究报告，2017－08－21/2017－10－9.

徐丹，2013. 商业银行发展养老金融分析［J］. 金融创新（11）.

许安，杨馥铭，2016. 养老金融发展的国际经验借鉴及启示［J］. 金融纵横（1）：55－59.

杨秀玲，邸达，2014. 国外养老金融业发展的经验与借鉴［J］，经济研究参考（52）.

杨燕绥，胡乃军，刘懿，2012. 养老资产与养老金融［J］. 金融市场研究（7）：126－130.

杨燕绥，杨娟，2009. 中央统筹的国民养老金制度构建［J］. 人民论坛（8）.

姚余栋，王赓宇，2016. 发展养老金融与落实供给侧结构性改革［J］. 金融论坛（5）：13－17.

姚余栋，商灏. 中国养老金融制度改革如何走出正确之路?［EB/OL］. 东方财富网，http：//finance. eastmoney. com/news/1371，20151217576457393. html. 2015－12－17/2017－10－03.

游春，2010. 长期护理保险制度建设的国际经验及启示［J］. 海南金融（7）：38－42.

于艳芳，2015. 美国“以房养老”住房反向抵押贷款的经验与启示［J］. 石家庄经济学院学报，38（1）：85－88.

岳磊，2017. 养老服务金融年度报告之一——养老服务金融概述［C］//董克用，姚余栋. 中国养老金融发展报告（2017）. 北京：社会科学文献出版社.

岳磊，2018. 养老服务金融：跨界业态下的多元化探索［J］. 商业金融评论（3）.

张栋，孙博，2018. 养老服务金融：严监管背景下的跨行业探索与创新［C］. 董克用，姚余栋. 中国养老金融发展报告（2018）. 北京：社会科学文献出版社：45－70.

张佩，毛茜，2014. 中国养老金融创新发展：现实障碍、经验借鉴与应对策略［J］. 西南金融（7）：43－47.

张细松，牟芳华，2017. 国外养老金融实践对中国商业保险的借鉴［J］. 保险理论与实践（8）：32－47.

张月娇，班晓娜，2014. 日本住房反向抵押贷款模式及其启示［J］. 合作经济与科技（21）：38－39.

中国报告网. 2017 年我国养老保险行业基本养老保险缴费率与替代率分析［EB/OL］. http：//market. chinabaogao. com/gong-

gongfuwu/10312c1222017. html. 2017 - 10 - 31/2018 - 08 - 18.

中国家庭与金融调查中心. 中国家庭金融资产配置风险报告 2016 [EB/OL]. https://max. book118. com/html/2017/0313/95216167. shtm. 2017 - 03 - 13/2017 - 10 - 15.

中国人民银行，民政部，银监会，证监会，保监会. 关于金融支持养老服务业加快发展的指导意见 [EB/OL]. http://www. gov. cn/zhengce/2016 - 05/24/content_5076147. html. 2016 - 05 - 24/2017 - 10 - 15.

中国人民银行杭州中心支行货币信贷管理处课题组，2017. 浙江省养老金融发展问题研究 [J]. 浙江金融 (2): 69 - 74.

邹东涛，李欣欣，2011. 社会保障：体系完善与制度创新 [M]. 北京：社会科学文献出版社.

BEATTIE R, MCGILLIVRAY W, 2010. A risky strategy: reflections on the World Bank report averting the old age crisis [J]. Internationalsocial security review, 48 (3 - 4): 5 - 22.

BLAKE D, 2006. Pension finance [M]. Chichester, England: John Wiley & Sons: 2 - 5.

HOLZMANN R, HINZ R, 2006. 21 世纪的老年收入保障——养老金制度改革国际比较 [C]. 郑秉文，等，译//2005 年世界银行报告. 北京：中国劳动社会保障出版社.